高职高专教学用书

中华优秀传统文化入门
（第二版）

鲁学军 编著

复旦大学出版社

目录

序言　1

前言　1

第一部分　概念阐释

第一讲　孝悌　3

第二讲　诚信　13

第三讲　慎独　23

第四讲　知耻　33

第五讲　博学　43

第六讲　笃志　53

第七讲　持敬　61

第八讲　守静　69

第九讲　正气　79

第十讲　大勇　89

第十一讲　忠恕　99

第十二讲　仁义　107

第十三讲　礼乐　117

第二部分　经典选读

第十四讲　《尚书》《诗经》选读　129

第十五讲　《中庸》选读　135

第十六讲　《大学》选读　141

第十八讲　《易传·象辞》《西铭》选读　147

第十九讲　《大学问》选读　151

第三部分　中国古代故事六则

第二十讲　高山流水　159

第二十一讲　乘龙佳婿　171

第二十二讲　大义灭亲　179

第二十三讲　千金买笑　187

第二十四讲　二子乘舟　195

第二十五讲　千里送京娘　203

结束语　222

附录：中国古代名言选录　229

主要参考文献　234

后记　235

序言

在全面深化改革,进一步扩大开放,继续大力发展中国特色社会主义市场经济的新时期,在面临世情、国情的深刻变化,内部和外部环境考验的新形势下,人们的思想观念包括价值观、道德观也相应地发生着变化,呈现出传统道德与多元价值观、现代思潮等相互交织的复杂局面,使社会伦理生活出现诸多新的矛盾和困惑。这些现状不仅影响社会和谐和精神文明建设,还或多或少影响到我们青年学生的成长。

在"进行伟大斗争、建设伟大工程、推进伟大事业、实现伟大梦想"[①] 的新时代,继承中华优秀传统文化,坚守中华文化立场,推动中华优秀传统文化创造性转化、创新性发展,立足当代中国现实,继续加强和改进大学生的思想道德教育,排除各种不健康思想的影响,牢固树立社会主义核心价值观,是思想政治教

[①] 《决胜全面建成小康社会 夺取新时代中国特色社会主义伟大胜利》(即十九大报告)是习近平代表第十八届中央委员会于 2017 年 10 月 18 日在中国共产党第十九次全国代表大会上向大会作的报告。

师义不容辞的责任。为此，我们觉得有必要编写一本关于传统文化入门的读本，通过具体的事例和生动的历史故事使学生加深对中华优秀传统文化的理解，丰富思想道德教育的内容和形式，使学生能够潜移默化地领会社会主义核心价值体系的深刻内涵。

道德是一种特殊的社会意识形态，同时也是生活实践智慧和个人修养，是人类文明的重要内容。个人修养不仅包含树立为人民服务的世界观，还包含为人、修身、处世的智慧，包含始终要有一颗善良的心去应对人生的烦恼和不幸。道德问题不仅是个思想立场问题，也关系到每个人的荣辱和安危，是人之所以为人的根本所在，所谓"富润屋，德润身"①。

思想政治理论教学部的同志们在领受编写任务后，经过不懈努力，完成了这本教学补充读物。它的特点是用通俗的语言和生动的故事深入浅出地介绍和阐释了我国古代一些优良的道德观念。观点新颖正确、内容基本完整、文字表述较严谨，具有独到见解，同时也能与我们的主流价值观相衔接。

五千年的文明给我们留下了丰富的道德资源，希望我们能够很好地做到古为今用，取其精华，去其糟粕，把民族精神与时代精神结合起来，不断开创德育教育新局面。

本书是在原来的《传统道德修养十二讲》的基础上进行的改进和丰富，对青年学生了解我国传统文化不无裨益。谨序。

黄晞建

2017年11月6日

---

① 出自《礼记·大学》。

前言

中华优秀传统文化是中华民族的"根"和"魂"。中华民族为人类文明进步做出了不可磨灭的贡献。中国优秀传统文化的丰富哲学思想、人文精神、教化思想、道德理念等，也蕴藏着解决当代人类面临的难题的重要启示，可以为人们认识和改造世界提供有益启迪，可以为治国理政提供有益启示，也可以为道德建设提供有益启发①。

中华文化是民族精神的载体，也是道德实践智慧。中国古代不仅科学技术发达，伦理学更是得到了高度的发展，也正是因为此，国学大师梁漱溟先生认为中国哲学是人类早熟的学问②。我们今天有很多年轻人，技能学得不错，但做人方面却糊涂，一个很重要的原因就是不知道"道德"究竟是什么，以为"听话"

---

① 《习近平总书记系列重要讲话读本》，学习出版社、人民出版社，2016年，第201—202页。
② 见梁漱溟（1893—1988）的《东西文化及其哲学》，书中认为，在世界三大文明体系中，中国文化相对早熟。

"守规矩"就是道德，这种理解是非常片面的。

近代以来，由于西学东渐和"文化大革命"的影响，文化受到很大冲击，传统文化出现了断层，甚至被国人抛弃。许多中华优秀传统文化早已从人们的生活经验中隐退，大量的经典束之高阁，成为历史陈迹。青年人对我国古代文化更是不了解，甚至妄自菲薄。结果是西方文化没有很好地消化，中国传统又没被继承下来；新的价值观没有树立起，旧的价值观又被遗忘。实际上，改革开放三十多年来，人们的文化价值观在很大程度上呈现出混乱的状态，"古为今用，洋为中用"的方针没有得到很好的落实。

一个国家、一个民族的强盛，总是以文化兴盛为支撑的。没有文化的继承和弘扬，没有文化的自信和繁荣，就谈不上中华民族的复兴。习近平总书记高度重视中国优秀传统文化，并将其作为治国理政的重要思想文化资源。他强调，优秀传统文化是一个国家、一个民族传承和发展的根本，如果丢掉了，就割断了精神命脉。中华优秀文化传统已经成为中国文化的基因，根植在中国人内心，潜移默化地影响着中国人的行为方式。历史和现实都表明，一个抛弃或者背叛了自己历史文化的民族，不仅不可能发展起来，而且很可能上演一场历史悲剧。"中华民族为人类文明作出了不可磨灭的贡献。五千多年连绵不断、博大精深的中华文化，积淀着中华民族最深沉的精神追求，包含着中华民族最根本的精神基因，代表着中华民族独特的精神标识，是中华民族生生不息、发展壮大的丰厚滋养。"[1]

---

[1]《习近平总书记系列重要讲话读本》，学习出版社、人民出版社，2016年，第201页。

每一个炎黄子孙都有传承中华文化的历史使命,也只有在中华文化的肥沃土壤中滋养才能健康成长。作为青年学生,必须继承传统文化,同时也要学习和借鉴世界优秀文明成果,将民族精神和时代精神相融合,弘扬、光大中华文明,才能无愧于时代。

中国优秀传统文化,决非所谓餐饮、书画、武术、古玩、服饰、歌舞这些表面形式所能代表,也非几个名词概念所能囊括。真正的优秀传统文化一定是人类智慧的结晶,民族精神的精华。我们今天提倡继承和弘扬中华优秀传统文化,决不能停留在展览式的观赏,而是要深入学理层面,推开大门,登堂入室。

梁漱溟先生认为人类文化发展有三个路向:西洋文化、印度文化和中国文化。这三大系各有特点,都是人类文明的源头。西洋文化向外散发,代表第一路向,表现为以通过奋斗达到现世幸福为目标,注重科学,向自然界进军;印度文化代表第三路向,向内探求,翻转向后,开发心灵,重宗教禁欲;中华文化代表第二路向,既不偏外也不偏后,而是与自然融洽,面向社会,注重伦理道德。三大文明都有不同的取向和思维方式。今天的世界是西洋文化(源于古希腊罗马文化)一统天下的世界,其特点是科学至上,一切东西都要拿到科学的法庭面前接受审判。相比之下印度文化和中华文化显得好像"落后了"。

然而,事实并非如此。如今,新科学技术突飞猛进,科技的开发和利用已呈加速度发展,它像一股巨大的旋风席卷全球。但这一切并没有改变财产人格化和人格财产化,即人的异化这一基本现实,并没有使人有更多的幸福感。当今世界发生的诸多怪异现象,被人惊呼是世界末日到来的魔影;当今世界所面临的人的精神、道德、生态等方面的危机与厄难,构成了时代性挑战。人们开始反思人类生存的真正意义,反思人类幸福的源泉是不是仅仅建立在生产力的巨大发展和物质财富的极大提高上。一百年来,人类的智慧过多地用在了对大自然的开发,忽略了对人类心灵、人类社会的反观。人们开始呼唤道德良知,追寻道德的真正起源,寻觅已经失去的精神家园。于是将目光重新转向了东方文明。

科学的昌明使得我们有可能对道德问题进行科学的探讨,做出客观的、逻辑的论证,以确立科学的道德观。然而,科学是事实判断:求真;道德是价值判断:求善。事实判断和价值判断完全不同。价值判断必须有个宇宙本体论为支撑,即信仰,而事实判断却不需要。这就是我们经常说的世界观决定人生观和价值观。事实表明,具有很高的科学思维的人不一定具备起码的道德品质,被认为道德很高尚的人不一定懂很多科学知识。简言之,科学不能回答道德问题。

因此,要很忠实地理解中国优秀传统文化,必须适当放弃我们的惯性思维,更多地关注生活实践,还要把理性理解与切身体悟结合来。如何在浩如烟海的中国文化典籍中吸取其精华?如何识别民族文化的真精神?如何让优秀传统文化复活并重新进入我们的生活世界,纳入现代知识体系中?这是文化教育工作者的责任。

上海震旦职业学院思政部教师,在院长张惠莉女士的鼓励和支持下,进行了一些有益的探索和实践。于2013年印发了《传统道德修养十二讲》一书,作为德育教育的补充读本。书中汇集了一些我国古代道德箴言，挑选了十二个重要概念，并用通俗的方式介绍给学生。目的是使同学们扩大和加深对我国优良道德传统的认识和理解，也试图使道德教育更加具体化、故事化，更贴近生活实践。这个读本书虽然简陋，却得到了学生和老师的肯定。

2015年以中央文件精神为指导，我们补充、修订和扩编了这本读物，更名为《中华优秀传统文化入门》。它的特点是以经典集粹为线索，讲解和讲故事相结合，夹叙夹议，通俗易懂。将古代文言和现代汉语适当结合起来，将古代智慧与现代问题结合起来，将传统价值观与社会主义核心价值观衔接起来，将道理融入故事中。所采用的故事大多来自中国历史典故，以拓宽视野。

本书是在2016版《中华优秀传统文化入门》基础上的又一次重新修订，增补少许经典导读和优秀历史故事，改正了一些缺点。本书也是上海震旦职业学院思政选修课建设和改革的重要组成部分。

第一部分 概念阐释

第一讲

孝 悌

经典摘录：

夫孝，天之经也，地之义也，民之行也。（《孝经·三才章第七》）

夫孝，德之本也，教之所由生也。（《孝经·开宗明义章第一》）

孝悌也者，其为仁之本与。（《论语·学而第一》）

夫孝，百行之冠，众善之始也。（《后汉书·江革传》）

事，孰为大？事亲为大。（《孟子·离娄》）

译文：

孝是天经地义的事情，人人都不可缺。

孝是道德的根本，学习道德必从学习尽孝开始。

孝敬父母、亲爱兄弟姊妹，是为善的根本。

孝是所有善德中最重要的，是所有善行的开端。

什么事情最重要？孝敬父母最重要。

孝，"善事父母者"，是对父母的孝顺；悌，"善兄弟"，指兄弟姊妹相爱，敬事兄长。孝悌是我国古老的道德传统：父慈子孝，兄弟姊妹之间真诚相爱。孝敬父母是天经地义的事情，是一个人最起码的道德，是行善的根本，因此也是德育教育的重要内容。如果一个人做不到孝悌，那么他的其他品德都是可以怀疑的。对父母不孝，不可能对朋友忠心；兄弟不和，不可能有良好的人际关系。父慈子孝才能家和，家和才能万事兴。孝悌是保持和谐家庭的根本，也是社会和谐的根本。所以说："百善孝为先。"

儒家经典中有一部《孝经》，据说是孔子所作。在第一章中孔子开门见山地告诉大家，有一种"至德要道"，那就是"孝"，其内容可归纳为三条："始于事亲，中于事君，终于立身"。

据传说，大舜为远古帝王，五帝之一，姓姚，名重华，号有虞氏，史称虞舜。相传他的父亲瞽叟、继母以及异母弟象，多次想害死他：让舜修补谷仓仓顶时，他们从谷仓下纵火，舜手持两个斗笠跳下逃脱；让舜掘井时，瞽叟与象却下土填井，舜掘地道逃脱。事后舜毫不怨恨，仍对父亲恭顺，对弟弟慈爱。他的孝行感动了天帝。舜在厉山耕种，大象替他耕地，鸟代他锄草。帝尧听说舜非常孝顺，有处理政事的才干，把两个女儿娥皇和女英嫁给他。经过多年观察和考验，帝尧选定舜做他的继承人。舜登天子位后，去看望父亲，仍然恭恭敬敬，并封他的异母弟象为诸侯。"队队春耕象，纷纷耘草禽。嗣尧登宝位，孝感动天心。"①大舜因至孝而感动天地，他的故事被列为历代孝行故事之首。

汉文帝刘恒，是汉高祖刘邦第三子，为薄太后所生。公元前180年即帝位。他以仁孝闻名于天下。侍奉母亲他从不懈怠，母亲生病卧床三年，他常常目不交睫，衣不解带；母亲所服的汤药，他都亲口尝过后才放心让母亲服用。在位二十四年，重德治，兴礼仪，注意发展农业，使西汉社会稳定、人丁兴旺，经济得到恢复和发展。与汉景帝的统治时期一起被誉为"文景之治"。"仁孝临天下，巍巍冠百王。莫庭事贤母，汤药必亲尝。"②

孝是一种感恩，对父母辛苦抚养的深深感激和报答，也是一种爱的回报，是人间美好的情愫。孝道能导引生命的方向，充实生命的意蕴，提升生命的境界，是一个人立身处世的基本品德。"生育之恩，浃乎宇宙，顾复之德，等同昊天。"③

家是一个人的根，是延续传统伦理的基地。我们的生命从中得到滋养、成长、成熟，人生的价值与意义也从中得到启发与实现。人在成长之初，有较长的幼儿依赖期，在父母亲情的特殊关怀下得以渐渐长大，但即使长大了，身心对父母亲情仍有长期的依赖性。家庭满足了人性的要求，我们从人性相通的原始情感

---

① 〔元〕郭居敬：《二十四孝·孝感动天》。
② 〔元〕郭居敬：《二十四孝·亲尝汤药》。
③ 《孝经》。

中，对父母有最深切的关怀。由这个人性相通的真实心灵，生发出由内而发的道德实践，它是父慈子孝等伦理关怀的人伦基底。孝顺的内涵即是回归心灵深处的那点情愫，以及推而广之的对他人、人类社会、宇宙人生的真诚关怀。谚语云："以父母之心为心，天下无不友之兄弟。以祖宗之心为心，天下无不知之族人。以天地之心为心，天下无不爱之民物。"①

我们伴随父母走过老年，看着他们肩膀不再坚实，头发日渐花白，甚至不时病痛。但是，他们的心灵经过岁月的洗练，自然发出一种光明，可以烛照烦嚣的世事与人情。老人是人类的宝藏，社会越是文明就越重视老人。常言道，"家有一老，如有一宝"。尤其在面临各种困境时，我们自然会对生命作一整体而深刻的反省，由此确立自己更真实的人生信念。

"羊有跪乳之恩，鸦有反哺之孝。"② 我们在家庭中最容易流露真性情，真纯的品德是在家里培养出来的，因此，品德修养的基础当以孝为首要。唯有从家庭开始，和谐根本的人际关系才能形成，才能存友善之心，正常的生活秩序才能建立，个人才能融合于更广泛的群体社会。相反，相当多的缺德事件和人生悲剧都源于家庭的破碎和不幸。所以，人生须以孝德为本，才有真正的成就和满足。

有人问孔子，什么是孝？孔子说："今之孝者，是谓能养。至于犬马，皆能有养，不敬，何以别乎？"③ 不要认为能养老就

---

① 〔清〕金缨：《格言联璧·齐家类》，山西古籍出版社，1999年。
② 《增广贤文》。
③ 《论语·为政第二》。

叫孝，给钱就是孝。一个人孝不孝，不在于金钱财物上，主要在态度上。还有一次，孔子的弟子问他什么是孝，孔子回答："色难。"① 这里的色指的是脸色、面色。对父母有柔顺的脸色，比给他们钱让他们更感觉幸福。相随心生，能给父母好脸色的人，必是一个有爱心的人。一个有爱心的人必生和气，有和气的人必生愉色，有愉色的人必生婉容。总之，尽孝要心诚而不是做做样子给父母或别人看。就如同《菜根谭》所说："父慈子孝，兄友弟恭，纵做到极处，俱是合当如此着不得一丝感激的念头。"

  有一种情况需要读者注意：儒家认为，轻易毁伤自己的身体也是一种不孝。比如自杀、盲目冒险等。《孝经·开宗明义章》曰："身体发肤，受之父母，不敢毁伤，孝之始也。"我们的身体毛发皮肤是父母给我们的，我们必须珍惜它、爱护它，因为健康的身心是做人做事的最基本条件，所以珍惜它、爱护它就是行孝尽孝的开始。让自己健康成长，按正确的原则做人、做事，让自己的名字为后人所景仰，就会让后世知道自己的父母教导有方，培养出了优秀儿女，这是人行孝尽孝的结束。由此可以得出结论：毁身敬孝是一种不孝行为。例如，为了用钱孝敬，卖血、卖身，美其名曰孝。此乃混淆是非，黑白颠倒。中华传统文化中的孝悌观念，决没有此意。

  如今年轻的一代，大多数是独生子，独生子的社会问题之一就是淡化了我国传统中的"孝悌"，以为父母生我养我天经地义，被人服侍天经地义。现在，虽说社会进步了，人们的生活水平也

---

① 《论语·为政第二》。

提高了，但虐待老人的案件仍时常发生。每年都会接到相当多的虐待老人案件的报告。更遗憾的是当今中国年轻人对"孝"的理解还不如日本人和韩国人。有些人唯我独尊，目无尊长，行为放肆，出言不逊，还自认为是现代派、追求自由。有些女孩子找男朋友的时候，往往注重外表是不是帅，家庭是不是富裕，而不怎么关心他在家是不是孝顺，甚至要求男方对自己好，不要对他父母好。要知道，如果他对他自己的父母不孝，对兄弟姊妹冷漠，即使对你海誓山盟，你怎敢相信他？如果你阻止他孝敬老人，你们能有美好的将来吗？

孝都是人间真爱，是人性中自然流露的美好情愫，是人类幸福的源泉。每当我们看到那些不敬父母，甚至虐待父母的行为，无不深恶痛绝；每当我们看到恭顺的孝子，无不肃然起敬。最后给大家再讲一个"郑庄公掘地见母"的故事。

《左传·隐公元年》记载：郑庄公弟兄二人，母亲武姜因生庄公时难产，对他心生厌恶，取名"寤生"，相反对其弟弟叔段却百般宠爱。当兄弟二人的父亲郑武公选立继承人的时候，武姜坚决主张立叔段，而郑武公却立了寤生，就是历史上有名的郑庄公。于是叔段和武姜便耿耿于怀，进而图谋不轨。后来，段与武姜自觉羽翼已丰，时机成熟，便里应外合，武装篡位。他们没有想到，郑庄公早有防备。结果，他们一动手，就立即被挫败粉碎。叔段逃亡国外，武姜被软禁起来。可是，对充当叛乱内应的亲生母亲武姜该如何处治呢？依法严惩吧，要承担弑其母的不孝的罪名；不追究吧，母子关系怎样维系？他想来想去，郑庄公最后命人把武姜送到远离京城的城颍（就是今天河南省漯河市的临颍县）软禁起来安置，并发誓说："不及黄泉无相见也。"意思就是说，这一生母子关系从此一刀两断了。

可他们毕竟是母子亲骨肉，过了一段时间，郑庄公看不到母亲，不觉良心萌动，便后悔起来。但因为有"不及黄泉无相见也"的誓言，若自食前言，怕丢体面，后悔也没有办法。这时候，登封一带有一个叫颍考叔的人，为人正直无私，素有孝友之誉。看到庄公如此安置母亲，便对人说："母虽不母，子不可以不子。"于是，捕获了几只鸮鸟，以敬献野味的名义来见庄公。庄公问："这是什么鸟？"颍考叔说："这鸟名叫'鸮'，白天看不见泰山，晚上却能明察秋毫，明于细而暗于大。小的时候靠母鸟喂养，长大之后就把母鸟吃了。这是一种不孝之鸟，所以把它吃掉。"庄公听了，沉默不语。在郑庄公招待他用饭的时候，他先夹起了一块肉，却又舍不得吃，而是把它放置起来。郑庄公很奇怪，便问他这是为什么。他回答说："我家有老母亲。母亲每次让我吃饭时，自己总先尝一尝。我母亲从来没有吃过今天这样的肉羹，请您允许我带回去给母亲尝尝。"郑庄公听了凄然长叹一声，说："你可谓是孝子，有母奉养，得尽人子之心。寡人贵为诸侯，反不如你。"颍考叔佯为不知，问："姜夫人健在，何为无母？"郑庄公便诉说了原委，并说出了自己发誓在先，无法挽回的苦衷。颍考叔听罢说道："太叔已经不在，姜夫人只剩下主公你一个儿子，若不奉养，与鸮鸟有什么区别？您看这样行不行，在地下掘一条隧道直至黄色的水涌出，你们母子在那里相见。这样谁能说这不是黄泉相见呢！"庄公深感此法妥当，就委托颍考叔办理此事。于是颍考叔迅速行动，在京襄城下很快挖通了一个地道，请庄公和母亲在那里见面。母子二人见面后抱头痛哭，言归于好。这就是著名的"掘地见母"故事。

郑庄公掘地见母的地方就在长葛市董村北边的牛脾山。此山不高，实际上是一道又小又低的丘陵。原来中间有一断堑处，那就是郑庄公掘地见母的地方。直到二十世纪六十年代，这里还立着一通高大的石碑，上书"掘地见母处"五个大字。人们在牛脾山上还修了一座庙，叫考叔庙。人们不禁疑惑：一国之君郑庄公掘地见母的地方，怎么人们却修了个颍考叔庙！这似乎表明，人们对郑庄公他们母子之间争权夺利，同室操戈，骨肉相残并不关心，倒是对凭孝心感动并促成郑庄公掘地见母的颍考叔倍加崇敬！"父母恩情似海深，人生莫忘父母恩。生儿育女循环理，世代相传自古今。"①

"树欲静而风不止，子欲孝而亲不待。"② 想想我们为父母都做了些什么？还能做什么？有多少人因为没有来得及尽孝而遗憾终生呢！每个人应当经常反省自己的为人，把对父母的爱扩大到兄弟姐妹，把对兄弟姐妹的爱扩大到团队，再扩大到企业，扩大到国家，扩大到天下。这才叫修身齐家、治国平天下。自古忠臣出孝子，"小孝治家，中孝治企，大孝治国"③。

今天，我们所提倡的尊老爱幼、热爱祖国、心怀抱负等新的道德要求，可以说是孝道的发展。在家里，子女尊敬长辈，长辈爱护子女，共享天伦之乐；在社会上，尽职尽责，为国家作贡

---

① 《劝报亲恩篇》。
② 〔汉〕韩婴：《韩诗外传·卷九》。
③ 百度文库·孝道篇。

献；在个人，修身养性，实现自己的宏伟理想。这样，我们的社会才和谐有序，欣欣向荣。几千年前孔夫子高瞻远瞩提倡的孝道，无论过去、现在还是将来，它所产生的重大作用和影响都是难以磨灭的。

第二讲

诚 信

经典摘录:

唯天下之至诚为能化。(《礼记·中庸》)

诚者物之终始,不诚无物,是故君子诚之为贵。(《礼记·中庸》)

诚者,天之道也;诚之者,人之道也。(《礼记·中庸》)

为人谋而不忠乎?与朋友交而不信乎?(《论语·学而第一》)

君子不重则不威,学则不固。主忠信。(《论语·学而第一》)

译文:

天底下唯有至诚才能感化一切。

万物生生不息就是大自然中诚的体现,不诚便什么都不存在,因此,君子贵诚:诚心待人,诚心待物。

诚就是天道,体现在人的品质上便是人道。

为别人出主意能不忠心吗?与朋友打交道能不讲信用吗?

君子如果不能博学笃志,涵养深厚,便没有威严的外表,所学的知识也不会巩固。因此,要时刻记住忠信二字。

诚，信也，真实、真心、实在的意思。信，诚也，真实、不欺骗。诚信，就是诚实守信。讲诚信，就是要忠诚老实、言行一致、实事求是；就是要遵守信用、履行诺言，"一言既出，驷马难追"。

《格言联璧》曰："观天地生物气象，学圣贤克己工夫。下手处是自强不息，成就处是至诚无息。"精诚所至，金石为开。我国古人把"诚"提高到了"道"的地位，说"诚者天之道也"，"不诚无物"①。至诚会感动天地，所以说"能化"。做事情要心诚，待人接物也要心诚。既然天地以诚为道，所以做人就应该诚信。孔子说："人而无信，不知其可也"②，意思是说，人如果不守信用，就算不上是人。"主忠信"就是说君子对朋友要忠诚，要讲信用。几千年来，诚信作为中华民族的优秀品德和精神财富，一直传承至今。其实，人生最重要的资本，不是别的，就是诚信。尽管它无体无形，但却比任何法律条文更具震撼力和约束力。一个没有诚信的人，要想跻身成功者的行列，是不可能的，

---

① 《礼记·中庸》。
② 《论语·为政第二》。

甚至无法在社会上立足。那些流芳百世、闻名世界的成功者，都是以自己的信用赢得了别人的尊重，因为，诚信是高尚品格的象征，"民无信不立"。

诚信不但是我国优良的道德传统，也是全世界公认的道德品质。古今中外，有许多诚信的故事和传说，激励和教育着一代又一代的人。曾子杀猪的故事家喻户晓。一日，曾子的妻子准备去赶集，儿子缠着要跟着一起去玩耍，哭闹不止。母亲对他说："如果你听话回家去，等我回来以后，就杀猪给你吃。"妻子从市场回来了，曾子便捉猪来杀，妻子拦住他说："那不过是跟小孩子说着玩的，怎么可以当真？"曾子说："决不可以跟小孩子说着玩。小孩本来不懂事，要照父母的样子学，听父母的教导。现在你骗他，就是教孩子骗人。做妈妈的骗孩子，孩子不相信妈妈的话，那是不可能把孩子教好的。"曾子于是真的把猪给杀了。

曾子是孔子最优秀的学生之一，被宋代思想家认为是孔学的真正传人，《大学》这篇文章据说就是曾子写的。这个故事告诉我们，诚信是人非常重要的品格，要教育孩子诚信，父母应身先垂范，言传身教。现在我们有些家长不但自己不守信用，而且还常常教孩子说"要学会编瞎话"，还以为是教孩子聪明，实际上害了孩子。我们应该从这个故事得到启发。

汉朝的开国功臣韩信，小时候父母便已去世，家里很贫穷，常常衣食无着，他跟哥哥嫂嫂住在一起，靠吃剩饭剩菜过日子。韩信人穷志不短，有很高的志向，因而白天帮哥哥干活，晚上便刻苦读书。刻薄的嫂嫂本就觉得韩信是个负担，见他常通宵读书，更加讨厌他，认为读书耗费了灯油，又没有用处，时常挤兑他。韩信负气出走，流落街头，过着衣不蔽体、食不果腹的生活。有一位给别人当佣人的老婆婆很同情他，很支持他读书，每天给他饭吃。面对老婆婆的一片诚心，韩信十分感激，他对老人说："我长大了一定要报答你。"老婆婆笑着说："等你长大我就入土了。"后来韩信成为著名的将领，被刘邦封为楚王，但仍然惦记着这位曾经给他帮助的老人。于是他找到这位老人，将老人接到自己的家里，像对待亲生母亲一样侍奉她，为她养老送终。

外国也有很多关于诚信的故事，例如华盛顿与樱桃树的故事便广为流传。美国第一任总统华盛顿小的时候在自家花园里玩，不慎砍倒了一棵父亲很喜爱的樱桃树。父亲盛怒之下查问是谁干的，华盛顿没有因惧怕父亲生气受罚而说谎，反而勇敢地承认了这件事。父亲虽然生气，但看到自己孩子的诚实和勇敢，不但没有打骂，反而谅解和表扬了他。后来华盛顿成了美国第一任总统，伟大的政治家。

这就是诚信的力量。无论是一个人，还是一个组织、一个国家，当诚信成为安身立命的尺度之后，就可以改变成败，创造奇迹。诚信具有普世的价值。

时至今日，诚信依然是我们当代大学生树立理想信念的基础，是大学生全面发展的前提，是大学生进入社会的通行证，也是社会主义核心价值观的重要内容。"明礼诚信"被列为我国公民的基本道德规范。大学生的诚信意识、诚信行为和诚信品质，关系到良好社会风尚的形成，关系到社会主义和谐社会的构建，关系到中华民族的未来。因此，大学生要肩负起全面建设小康社会和社会主义现代化建设的历史使命，就必须自觉加强诚信道德建设，把诚信作为高尚的人生追求、优良的行为品质和立身处世的根本准则。

诚信的反面就是虚伪、欺诈，口是心非，当面一套背后一套。人们常问，世界上到底有没有鬼的存在，我说有。在哪里呢？鬼就在人世间，就在不诚实的人心里，正所谓心中有鬼。一个人如果常常心怀鬼胎，就会神色慌张，忐忑不安，终日忧虑，既得不到别人的信任和尊重，自己也不会有真正的幸福，正所谓"君子坦荡荡，小人长戚戚"[①]。欺骗可能会让你偶尔得到一些小便宜，但从大的方面说，与己与人都不利。一个社会，如果人人都不诚信，尔虞我诈，其结果就会形成我们常说的黑暗阴霾的社会，到处都是魑魅魍魉。那是多么可怕啊！

令人遗憾的是，现在的社会上，坑蒙拐骗，制假、售假的事情每每发生，大学生考试作弊、彼此撒谎的事情也时有发生。这些都会增加社会的阴暗面，腐蚀公民道德，践踏人类尊严，严重危害和谐社会的构建。大学生应该是社会主义精神文明建设的担当者，是社会良好风气的引领者，应该深刻理解"诚信"的真正价值和含义，并身体力行之。

讲到这里，不得不回答一个现实问题："老师，你教我们诚信，可是如果在社会上太诚信了，我们容易受到欺骗，怎么办？"首先，我们在诚信之余，要有智慧，看清社会中各色各样的人，对于骗子和伪君子要心存戒备，以其人之道还治其人之身，这与诚信并不冲突。其次，要分清诚信和过分老实的区别。过分老

---

① 《论语·述而第七》。

实，指是非不明，好坏不分，轻易相信花言巧语。这种人与其说是老实，不如说是愚蠢，难免会被一些阴险小人愚弄，从而上当受骗，但这与诚实没有关系。最后，分清诚信与"乡愿"的区别。有些人，遇事圆滑，不讲原则，貌似谨厚，而实与流俗合污，我国古人称之为"乡愿"。乡愿之人，装出诚实模样，实际则是伪君子。清代王永彬在《围炉夜话》中说道："孔子何以恶乡愿，只为他似忠似廉，无非假面具。"

最后讲一则古代故事，请大家体会其中味道。

话说春秋时期的卫献公衎，自周简王十年（前575年）接替父亲卫定公即位之后，日益放纵，亲信馋谄面谀之人，耽于鼓乐田猎，不理国事。他有两位卿士，一个叫孙林父，一个叫宁殖，见献公无道，极为不满。二人遂合谋共起家兵，攻击并驱逐了卫献公，另立卫定公的弟弟为卫君，就是卫殇公。卫献公出奔齐国。

后来宁殖对逐君之事一直耿耿于怀，十分后悔。临死前对儿子宁喜说："我们宁家，世代忠贞。出君的事纯粹是孙林父所为，并非我的意愿。现在人人都说'孙宁'有逐君之罪，我无以自明，更没脸见祖父于地下。你如果能使故君复位，弥补我的罪过，才是我的儿子。不然，我死不瞑目。"宁喜哭着说："我一定完成您的心愿。"宁殖死后，宁喜继承为左相，每日以复国为念，准备寻找机会。

周灵王二十四年，卫献公已逃亡在外十二年，秘密派人对宁喜说："你如果能使寡人复国，寡人将不计前嫌，卫国之政，尽归于你。"宁喜正有父亲遗嘱在心，得到这个消息，且有委政之言，不胜欢喜。但是，转念一想："卫侯一时急于复位，故意以甜言蜜语相哄，如果我帮他复位成功之后又反悔怎么办？公子鱄有贤名而且讲信义，若得他为证明，他日定不相负。"于是付密信一封，信中大意是说："此乃国家大事，臣一人无法独立承当。子鲜（公子鱄）乃国人所信，必须由他来面定，才有商量。"子鲜是公子鱄的字，是献公的同母弟弟，一直跟随献公出亡。

献公对公子鱄说："寡人复国，全靠宁氏，你是我亲弟弟，必须为我一行。"公子鱄口虽应答，却没有去意。献公屡屡催促，公子鱄说："天底下没有无政之君，你答应委政于宁喜，日后必然后悔。你让我失信于宁氏吗？所以我不敢奉命。"献公说："我逃亡在外已经十二年，跟无政没什么区别。倘若能恢复君位，延续先人之祀，传给子孙，我愿已足。哪敢食言，以累及吾弟？"公子鱄说："既然如此，我哪敢避事，以败君之大功。"于是公子鱄潜入卫都城，来见宁喜，重申了献公的约定。宁喜说："只要你子鲜作证，我就放心了。"公子鱄对天发誓说："我如果负了此言，不能食卫之粟。"

宁喜通过宫廷政变，逼死卫殇公，迎立出亡在外十二年的卫献公回复了君位，完成了他父亲的遗愿。献公使宁喜独相卫国，凡事一听专决。但是后来，宁喜自恃功高，专权跋扈，终于激起群愤，惨遭灭族。

公子鱄听到宁喜被杀，顾不上穿鞋，奔入朝堂，趴在宁喜的尸体上哭道："并非君王失信，而是我欺骗了你。你被杀死，我有何面目立于卫国的朝堂之上？"仰天大叫三声离去，出奔晋国去了。卫献公命人去追，再三挽留，公子鱄执意不肯，说："要我返回卫国,除非宁喜复生。"公子鱄后来一直隐居在晋国的邯郸,与家人靠织履为生,终身不言一"卫"字。史臣有诗云:"他乡不似故乡亲,织履萧然竟食贫。只为约言金石重,违心恐负九泉人。"

第三讲

慎 独

经典摘录：
  道不可须臾离也，可离非道也。是故君子戒慎乎其所不睹，恐惧乎其所不闻。莫见乎隐，莫显乎微，故君子慎其独也。(《中庸》)
  诚于中，形于外，故君子必慎其独也。(《大学》)
  君子之学，慎独而已矣。(《刘子全书》)
  祗畏神明，敬惟慎独。(三国曹植《卞太后诔》)

译文：
  道是无处不在，无时不有的，不会片刻离开人的。凡是可以离开人伦日用的所谓道，其实不是道。因此，君子要心存戒惧，唯恐听不到、看不到。道虽然无处不在，但又有时候隐蔽而不可见，有时候很微妙，所以君子要慎独。
  心中诚实，能从外表上表现出来，因此，君子要慎独。
  道德学问，说到底就是一个慎独。如果做不到慎独，还叫什么学问呢。
  只因为畏惧神明，所以要谨小慎微。

谈到慎独，不能不先说说"天人合一"。"天人合一"论是中国哲学的重要特点。所谓天人合一就是天人相通，认为宇宙本根就是人伦道德的根源；人伦道德乃是宇宙根本之流行发现。本根有道德的意义，而道德也有宇宙的意义。人之所以不同于动物，在于人的心性与天相通。人是禀受天的德性以成其根本德性的。天人相通的观念发端于孟子，大成于宋代道学。今天老百姓还经常将"天理""良心"合在一起说。

　　正是因为天人相通，人们才敬畏天。有敬畏之心，才有慎独。"慎"就是小心谨慎、随时戒备，"独"就是独处，独自行事。强调在无人知晓，没有外在监督的情况下，始终不渝地、小心地坚持自己的道德信念，自觉按道德要求行事，不会由于无人监督而肆意妄为，亦即西方所谓自律的道德。

　　万事万物都有当行之理，无时不在，无物不存，这就是道。它存在于事物中，也存在于人心中，表现为人的道德良知。恶念往往在幽暗之中、细微之事里开始萌动，虽然别人不知，自己却知。因此，君子要常存敬畏之心，虽不见不闻，也不敢忽怠。这就是道德修养中所讲的"戒慎恐惧""如履薄冰，如临深渊"的道理。如果内心不诚，心中有鬼，必然会在外表表现出来；反之,如果心底无私,外表必然是堂堂正正。所以怎么能不慎独呢,道德的学问,说到底就是一个"慎独"。

"慎独"是我国古代儒家创造出来的具有我国民族特色的自我修身方法,也是一种很高的道德境界。它要求人们在个人独自居处的时候,能自觉地严于律己,谨慎地对待自己的所思所行,防止有违道德的欲念和行为发生,从而使道义时时刻刻伴随主体之身。其前提必须是对天道的敬畏。古人云:"青天白日的节义,自暗室屋漏中培来;旋乾转坤的经纶,自临深履薄中得力"[1],"举头三尺有神明"[2],说的都是慎独。

刘少奇对慎独作了更通俗的解释:慎独就是一个人独立工作、无人监督时,有做各种坏事的可能,而不去做坏事。能否做到"慎独",以及坚持"慎独"所能达到的程度,是衡量人们是否坚持自我修身以及在修身中取得成绩大小的重要标尺。

我国历史上出现过很多以"慎独"而出名的人物,其中,名声最大的大概是东汉安帝时的荆州刺使杨震了。杨震以"性公廉,不受私谒"著称,被称为"关西夫子",留下了"清廉诫四知"的典故。《后汉书·杨震传》有这样的记载:杨震去荆州赴任,道经昌邑。昌邑县令王密,是杨震当年举荐上来的,王密为了表示对杨震当年提挈之恩的感谢,"至夜怀金十斤以遗震"。杨震拒绝接受,说:"我举荐你是因为我了解你,你这样做是太不了解我了。"王密说:"暮夜无知者。"杨震说:"天知,神知,我

---

[1]〔清〕金缨:《格言联璧·存养类》,山西古籍出版社,1999年。
[2] 净空法师:《地藏经讲义》,宋王日休《龙舒净土文》集俗语《竹枝词》:"公门里面好修行,半夜敲门心不惊;善恶到头终有报,举头三尺有神明。"

知，子知。何谓无知？"王密听了杨震的一番话，羞愧而出。后人就把这件事当成慎独的典型，流传下来。

清朝雍正年间，叶存仁先后在很多地方做官，历时三十余载。一次，在他离任时，僚属们派船送行，然而船只迟迟不启程，直到明月高挂才见划来一叶小舟。原来是僚属为他送来临别馈赠，为避人耳目，特地深夜送来。他们以为叶存仁平时不收受礼物，是怕别人知晓惹出麻烦，而此刻夜深人静，四周无人，肯定会收下。叶存仁看到此番情景，即兴写诗一首："月白风清夜半时，扁舟相送故迟迟。感君情重还君赠，不畏人知畏己知。"随后将礼物"完璧归赵"了。

"慎独"作为自我修身方法，对今天的社会主义道德建设具有重要的现实意义。表面上的君子好当，表里如一、人前人后都一样的君子难做。"人生而有欲"，这是人与生俱来的天性。在"天下熙熙，皆为利来；天下攘攘，皆为利往"[①]的当世，在物欲横流，唯利是图的商品大潮中，在缺乏有效监督和制衡的权利场上，人人都面临着"制欲"的考验。多少人在这种考验面前败下阵来，落个"一失足成千古恨"的下场，这样的事例举目皆是。如何将"私欲"自觉地、理智地控制在道德规范和法度要求、允许的范围之内，并且能"省察于莫见莫显"之间，连不被人注意的细枝末节也不放过，当个"表里如一，堂堂正正"的真君子？这就需要有高度的道德修养，过好"慎独"关。

走在人生的路上，我们并不是完全独立的，言行、举止都体

---

① 〔汉〕司马迁：《史记·货殖列传》，中华书局，2006年。

现了我们的品格和思想。太多的时候,我们的一举一动都被打上了鲜明的烙印,这时,我们所代表的已经不再是简单的自己,而是我们所处的家庭、团队、国家的形象。若不谨言慎行,防微杜渐,极容易犯错误,误人误己。

有个故事,说从前有个秀才,在又饥又渴的赶考途中,经过一片熟透的桃林,只淡淡地望了一眼便又继续低头赶路。有人问他为什么不摘个桃子,用以充饥解渴,他说:"桃李无心,我心有主。"意思是讲,主人不在,桃李是不会管自己的,但是我去偷吃,我的善心则不存在了。"慎独"就是要自觉按道德良知去行事,不会由于无人监督而放纵自己。只有这样来要求自己,才能做到言行一致、表里如一。

其实,每一个人都希望自己有气质、帅气,做人堂堂正正,遇事不卑不亢。而这些外表的特征可不是装出来的,也不是模仿出来的,它必须具备高深的涵养和文化底蕴。试想,一个常常心怀鬼胎,人前一套、背后一套的人,怎能表现出好的气质来呢?所以说"君子乐得为君子,小人枉自为小人"。孟子说只有"仰不愧于天,俯不怍于人","居天下之广居,行天下之大道"[①],才能成为大丈夫。

做到了慎独,就会感到心胸开阔,气度豪迈,心底无私天地宽。然而,慎独需要锤炼,需要积累,需要通过长期的磨练,使之巩固,成为习惯,才能逐渐凝结成优良的品德。简言之,积善才能成德。今天,我们有些同学,在学校、老师面前表现很好,

---

① 《孟子·滕文公下》。

规规矩矩，回到家里却判若两人，肆无忌惮，真是应该好好体味一下"慎独"了。

　　曾国藩在历史上是个颇具争议的人物，有人认为他是个镇压太平军的刽子手，有人认为他是个圣贤。然而，不管怎样，他的慎独精神和治家之道着实值得后人称道和学习。在翰林院工作期间，曾国藩把修身当作日常很重要的一个部分。《曾国藩日记》中保留有他当时给自己规定的十二项日常课程，归纳起来有几个方面，其中关于人生修炼方面的，有五个字。第一个是"诚"，诚实、诚恳，为人的表里一致，自己的一切都可以公之于世，要修炼自己的诚；第二个就是"敬"，所谓敬就是敬畏，人要有畏惧，人不能无法无天，要有敬畏，表现在内心就是不存邪念，表现在外就是持身端庄严肃有威仪；第三个就是"静"，是指人的心、气、神、体都要处于安宁放松的状态；第四个字是"谨"，指的就是言语上的谨慎，不说大话、假话、空话，实实在在，有一是一、有二是二；第五个字是"恒"，是指生活有规律，饮食有节、起居有常。这五个字的最高境界是"慎独"，就是人应该谨慎地对待自己的独处，也就是指在没有任何监督的情况下，都要按照圣人的标准，按照最高准则来对待。这是修身的最高境界。曾国藩慎独的手段是记日记，每天记日记，对自己一天的言行进行检查、进行反思，对自己在修身方面的不足作检讨。道光二十二年，他在日记里说，昨晚做了一个梦，梦到别人得到一笔额外的好处，自己很羡慕。醒来之后对自己痛加指责，说自己好利之心如此严重，做梦居然梦到这些，这是不能容忍的。中午到朋友家吃饭，席间得知某人获得一项分外收入，心里又是羡慕。

他在日记里写道，早晨批判了自己，中午又犯了，"真可谓下流"。最为可贵的是，从三十一岁开始的修身，一直贯穿他的后半生。在此后的三十年中，即便身为军事统帅，每天在杀戮声中度过，他每天仍然"三省吾身"。从某种意义上说，修身是曾国藩事业、治家成功最重要的原因。

最后讲一个有趣的故事。

话说春秋时期的晋灵公（前624—前607在位），荒淫暴虐，厚敛于民，大兴土木，好为游戏。宠幸一佞臣，名叫屠岸贾。在绛州城内，筑起一座花园，园中起一高台。晋灵公与屠岸贾不时登临高台，或张弓弹鸟或饮酒取乐。一天，灵公和屠岸贾在台上用弹弓打人赌酒，打中眼睛者为胜。人群中有被打掉耳朵的，有被打伤眼睛的，众百姓惊恐乱逃。还有一次，灵公命宰夫煮熊掌，灵公嫌不熟烂，怒而杀了宰夫，命人抬出去扔到野外。晋灵公无道至此。

相国赵盾是一位忠臣，刚正不阿，屡屡进谏，劝灵公礼贤远佞，勤政亲民。灵公充耳不闻，反生忌恨。屠岸贾一边撺掇："自古臣制于君，哪有君制于臣的道理？这老家伙在，主公没法行乐。"灵公问："怎么可以除掉他？"屠岸贾回答："臣有一家人，名叫鉏麑，家境贫寒，臣常周济，感臣之惠，愿效死力。"灵公说："好，此事若成，记你一大功劳。"

当天夜里，屠岸贾秘密召唤鉏麑，告诉他说："赵盾专权欺主，我奉晋侯之命，派你去刺杀他。你可埋伏在相国门口，等到五鼓赵盾上朝时刺杀，不可误事。"鉏麑领命，带了雪花匕首，潜伏在赵府左右。半夜五鼓时分，鉏麑摸到赵府门首，见大门洞开，堂上灯光影影。钼麂潜进中门，躲在暗处，仔细观望，只见堂上有一位官员，朝衣朝冠，端然而坐，正是相国赵盾，因为要上朝，天色尚早，坐以待旦。

钼麂大惊，退出门外，感叹道："早听说赵相国乃忠贞慎独之士，果不其然。不忘恭敬，国家栋梁。我若杀死这样的人，对国家不忠；可是，如果不杀，则违反君命，对主上不信。不忠不信，何以立于天地之间？"于是，高声大叫："我是钼麂，宁违君命，不忍杀忠臣，我今自杀，相国保重！"说完，望着门前一株大槐树，一头触去，脑浆迸裂而死。

这个故事《史记》有记载。可见，庄敬、慎独是一种品格，是一种修养，是一种信念，一种气质，一种魅力。希望我们青年学生能以自己的实际行动践行"爱国，敬业，诚信，友善"，慎独地生活，慎独地学习，成为一名优秀的大学生。

第四讲

知 耻

经典摘录：
  行己有耻。(《论语·子路第十三》)
  知耻近乎勇。(《礼记·中庸》)
  人不可以无耻。无耻之耻，无耻矣。(《孟子·尽心上》)
  耻之于人大矣。(《孟子·尽心上》)
  廉耻，士君子之大节。(北宋欧阳修《廉耻说》)

译文：
  在个人的日常生活中，要懂得哪些行为是可耻的。
  知道什么是耻辱，也就离勇敢不远了。
  人不能没有羞耻之心，如果不知羞耻就是真正的无耻。
  知道什么是耻辱对于一个人来说关系重大。
  懂得廉耻，是做人的大节问题。

耻，耻辱，羞耻的意思。"知耻"就是知道什么是耻，什么是辱，什么是荣；什么时候该愧疚，什么时候该自豪。"行己有耻"，就是常存戒惧之心，不可肆意妄为。"知耻近乎勇"的意思是说一个人只有懂得羞耻，才能自省自勉，奋发图强。有羞耻心的人，才能勇敢地面对自己的错误，战胜自我，这是恰恰"勇"的表现。常怀一颗羞耻之心，不仅可正身，养浩然之气，而且知进取，成千秋伟业。我们经常看到有些男同学，光头赤膊纹身，校园里吸烟，不以为耻，反以为荣；不知为羞，反以为勇。这就有几分不知耻了。只有知道什么是羞耻，才接近勇敢，一个不知羞耻的人，是真正的无耻之徒，无勇敢可言。所以说，"知耻"对于人生道德修养来说，关系重大。古人云："人不通古今，襟裾牛马；士不晓廉耻，衣冠狗彘。"[1] 意思是说，人不通晓古今变化的道理，那就像穿着长袍短褂的牛马一样；读书人如果寡廉鲜耻，那就是穿衣戴帽的猪狗。

古往今来，无论个人还是群体，知耻与不知耻的情形大不一样。纵览历代圣人贤哲，哪一位不是知耻惜荣的人杰？从孔子

---

[1]〔明〕陈继儒：《小窗幽记》，远方出版社，2004年。

"大道之行也，天下为公"①到孟子"仰不愧于天，俯不怍于人"；从庄子"视死若生者，烈士之勇也"②到屈原"闭心自慎，终不失过也"③；从司马迁"究天人之际，通古今之变"④到诸葛亮"鞠躬尽瘁，死而后已"⑤；从欧阳修"富贵不染其身，利害不移其守"⑥到范仲淹"先天下之忧而忧，后天下之乐而乐"⑦……无一不是心系社稷的嘉德懿行。反之，那些少廉寡耻之人，如暴虐无道的夏桀商纣，陷害忠良的秦桧，口蜜腹剑的李林甫，贪赃枉法的和珅之徒，哪个不是遗臭万年？

老子曰："知人者智，自知者明，胜人者力，自胜者强。"⑧自知不仅要了解自身的优点，还要了解自身的耻辱所在。这对个人至关重要，对国家和民族更是有着深远的影响。第二次世界大战之后，德国与日本同为战败国，但他们对于自己国家所犯错误的态度却截然不同。德国一直致力于检讨纳粹犯下的罪行，德国总理在华沙的惊人一跪让世人原谅了德国；日本却一而再、再而三地否认其战争罪行，美化其侵略行径，右翼教科书、参拜靖国神社无一不使亚洲其他国家的人民难以接受。犯下相同错误的两个国家，一个知耻而后进从而赢得别国的尊敬，另一个却恬不知

---

① 《礼记·礼运》。
② 《庄子·秋水》："夫水行不避蛟龙者，渔父之勇也；陆行不避兕虎者，猎夫之勇也；白刃交于前，视死若生者，烈士之勇也。"
③ 〔战国〕屈原：《离骚·九章·橘颂》。
④ 〔汉〕司马迁：《史记·报任安书》，中华书局，2006年。
⑤ 〔三国〕诸葛亮：《后出师表》。
⑥ 〔北宋〕欧阳修：《上仁宗乞择守节难进之臣置之谏省》。
⑦ 〔北宋〕范仲淹：《岳阳楼记》。
⑧ 《老子》第三十三章。

耻，终究落得为人所唾弃。"知耻"之重要，可见一斑。

从另一方面而言，对于一个受过凌辱的人来说，只有"知耻"，才能唤起洗刷耻辱、捍卫尊严的勇气，激发出改造自我与社会的巨大力量，从而战胜脆弱、猥琐与渺小，为自我、群体乃至国家、民族赢得伟大与光荣。鲁迅先生正是为"灵魂中有毒气和鬼气"而感到羞耻，所以才"无情面地解剖自己"，成为"空前的民族英雄"。孔繁森正是因为"阿里的贫穷，就是我们的耻辱"，才为藏族同胞的富裕、幸福而呕心沥血，鞠躬尽瘁，死而后已，为人民所永远怀念。

马克思曾指出："耻辱就是一种内向的愤怒"，"耻辱本身已经是一种革命"①，如果整个国家真正感到了耻辱，那它就会像一只蜷伏下来的狮子，准备向前扑去。蒙受百年耻辱、进行百年抗争的中华民族，对这一真理的感知和理解尤为深刻。

"知耻而后勇"是个人成长过程中的一个规律。古代有苏秦"头悬梁、锥刺股"的故事，说的是洛阳人苏秦很想有所作为，他变卖了家产，东奔西跑了好几年，也没做成官。后来，他用光了钱，趿拉着草鞋狼狈地回了家，被父母狠狠地骂了一顿，妻子不理他，嫂子不给他饭吃。苏秦受了很大刺激，决心争一口气。从此以后，他发愤读书，钻研《阴符》，天天到深夜。有时候读书读到半夜，又累又困，他就用锥子扎自己的大腿，血流遍足；还把头发用带子系起来拴到房梁上，一打瞌睡，揪得头皮疼，来了精神，继续苦读。这就是"头悬梁，锥刺股"的故事，用来表

---

① http：//www.juzimi.com/writer/马克思经典名句。

示读书刻苦的精神。就这样，苏秦刻苦读书一年多，天下大事，如在掌中。后来，他到六国游说"合纵"的主张，六国诸侯订立了合纵的联盟，苏秦身佩六国相印。

还有"卧薪尝胆"的故事。公元前496年，吴王阖闾派兵攻打越国，但兵败身亡。两年后，阖闾的孙子夫差率兵击败越国，越王勾践被押送到吴国做奴隶，勾践忍辱负重伺候吴王三年后，夫差对他消除了戒心并送他回了越国。其实勾践并没有放弃复仇之心，他表面上对吴王服从，但暗中训练精兵，强政励治并等待时机反击吴国。艰苦能锻炼意志，安逸反而会消磨意志。勾践害怕自己会贪图眼前的安逸，消磨报仇雪耻的意志，于是他晚上睡觉不用褥，只铺些柴草，又挂了一只苦胆，时不时地强迫自己尝尝苦胆的味道，为的是不忘过去的耻辱。后来，勾践在越人同心协力之下，使越国强大起来，终于找到时机灭亡了吴国。

如果知道自己做了亏心事，感到羞愧，就会振作起来，悬崖勒马，立志向上；如果知道自己蒙受了耻辱，就会发愤图强雪洗之。这就是知耻的力量。

西班牙神经组织学家拉蒙·伊·卡哈尔，小时候不好好学习，总与一些坏孩子在一起胡混。后来闯了祸，被警察拘留了三天，把他父亲气坏了。出来后，他坏毛病仍然不改，又因为调戏女同学被学校开除。父亲要打他，他竟吓得跑到外面，又胡混了一年后，才回了家。他的父亲气得一病不起，不久就逝去了。父亲没了，他只好去做苦工维持生活。他很早就爱慕邻家的一个女孩，总想找机会接近她，可是那姑娘根本不理他。一天，他看姑娘与人谈话，就靠近去听："顽童都是没志气、没有出息、不会有好前途的人……"他心里"咯噔"一声：这说的不就是自己吗？姑娘的话大大刺激了他，回家以后，他吃饭如嚼蜡，夜不能寐，躺在床上脑子里全想着这事……后来他终于明白过来：要想赢得别人的尊重，首先要自己尊重自己！于是他重新上学，一改过去的坏毛病，在校长和老师讶异的目光中，以高中第一名的好成绩考上了萨拉戈萨大学医学院，成为一个享受全额奖学金的大学生。他二十五岁时被母校聘为首席解剖学教授。1903年他改进了神经组织学的染色方法。1906年他获得诺贝尔生理学医学奖。一个坏孩子竟成为获得诺贝尔生理学医学奖的著名医学家。

这当然是众多浪子回头的故事之一，同时也说明，是知耻改变了一个人的人生轨迹。

做到知耻并不容易。更多的时候，不是因为明知故犯，而是因为压根就不知道羞耻，从而在人们看来厚颜无耻，而本人却洋洋得意，甚至犯下滔天罪行而执迷不悟。因此，知耻不仅关系到一个人的操守，更关系到一个人的卓识和远见。只有明辨是非，分清善恶，才能做到知耻。或者说，不知耻的人与其说是无耻之徒，不若说是坏的傻瓜。或许汪精卫的故事能给我们一些启发。

汪兆铭（1883—1944），祖籍浙江山阴（原绍兴县），出生于广东三水，字季新，笔名精卫。早年投身革命，曾谋刺清摄政王载沣未遂，袁世凯统治时期到法国留学。回国后于1919年在孙中山领导下，驻上海创办《建设》杂志。1921年孙文在广州就任大总统，汪精卫任广东省教育会长、广东政府顾问。1924年任国民党中央宣传部长。后期思想明显退变，于抗日战争期间投靠日本，在南京成立伪国民政府，沦为大汉奸。

汪精卫是民国四大美男之一，才貌双全。除丰神俊朗外，才华亦甚是了得。汪精卫出口成章，笔扫千军，他的文笔在当时享有盛名。此外他还是南社代表诗人。汪精卫目光如炬，炯炯有神，而且风度绝佳，温文尔雅，李宗仁曾经说："汪兆铭仪表堂堂，满腹诗书，言谈举止，风度翩翩，使人相对，如坐春风之中。"

汪精卫不但相貌英俊，还有青年时期为革命"引刀成一快，不负少年头"① 的英雄历史，因此人气极旺。胡兰成记汪精卫，说他北伐前在广州每次演讲，粤地女学生皆"掷花如雨"。那时的汪，乃革命领袖、偶像明星。

可惜美男最终沦为汉奸，全民偶像也就变成了全民"呕像"。一代才俊却不知道以危害祖国、背离人民为耻，临死还以卖国为荣，美其名曰"曲线救国"。1944年汪精卫患骨髓肿客死他乡。他的挚友和接班人陈公博将他葬在梅花山。1945年抗战胜利，蒋介石下令炸毁汪墓、焚毁棺木与遗体。这个著名的美男子就此彻底灰飞烟灭。如今当年那个为革命不惜生命的翩翩美少年早已被人们遗忘，只留下千古骂名。令人唏嘘不已⋯⋯

荀子说："学不可以已⋯⋯君子博学而日参省乎己，则知明而行无过矣。"② 又说："德操然后能定，能定然后能应。能定能应，夫是之谓成人。天见其明，地见其光，君子贵其全也。"③

---

① 汪精卫：《慷慨篇》："引刀成一快，不负少年头。留得心魂在，残躯付劫灰。青磷光不灭，夜夜照燕台。"
② 《荀子·劝学》。
③ 同上。

这些话如暮鼓晨钟，回味无穷。

当今社会，不知耻的人太多了，网上随便看看，就能找到一大堆实例，有的可以说已经丧尽天良而不自知。这种现象与我国传统文化的丢失不无关系。有好多商业性电影在青少年中也产生了不良影响，影片中有许多血腥暴力甚至色情的东西，被渲染为勇敢、帅气、魅力。实际上是一堆精致的精神垃圾。中国儒家学者一致认为：一个真正勇敢的男人必定是知耻的人；一个真正美丽的女人必定是因知耻而端庄矜持的人。那些不知廉耻、言行放荡、面目凶恶、四肢发达、头脑简单的人，恰恰反映了内心的气馁与丧心病狂，岂可与勇敢相提并论？那些生活放荡、衣着暴露、歇斯底里的女人，岂可与美丽相提并论？青年学生要有辨别是非的能力，继承我国优良道德传统，擦亮眼睛，抵制不良思想的侵害。

第五讲

博 学

经典摘录：

博学之，审问之，慎思之，明辨之，笃行之。(《中庸》)

君子博学而日参省乎己，则知明而行无过矣。(《荀子·劝学》)

君子博学于文，约之以礼。(《论语·雍也第六》)

博学而笃志，切问而近思，仁在其中矣。(《论语·子张第十九》)

译文：

广泛地学习，审慎地发问，严谨地思考，辨明是非，持之以恒地践行。

君子博学于文而且能够每天省察自己的言行，就可以头脑清明而行为无过了。

君子要广泛地学习各种知识，并且用礼来约束自己。

广泛地学习且能坚守自己的志向，恳切地提出疑问，联系当下情况思考，仁就在这里面了。

博学意味着学识渊博，知道得多，了解得广，知识丰富。一个人见多识广，学识丰富，是成就道德的前提；相反，孤陋寡闻，坐井观天，只会闭门造车，夜郎自大。我们发现，凡是学识渊博的人，总是矜持不苟，礼让谦和；凡是一知半解的人，总是自以为是，目中无人。

我国古代先哲往往把博学和道德联系在一起，很接近于苏格拉底所说的"知识就是美德"。如今知识的多寡与人品的高下并非成正比。比如，有的人知识很多，却品德很差；还有的人品德优良，却知识不足。那是因为，今天的所谓知识大多是关于技能方面的知识，专而不博，不能文理结合，融会贯通。我国古人认为，所谓博学不是仅仅精通一门或几门技能，而是从种种事物中把握一个不变的"道"，就是说万事万物都包含着同样的道理，而这个道理又体现在各种事物当中，就像是"月印万川"。因此，真正博学的人一定是知书达理、融会贯通的人，也是道德高尚的人。"博学之，审问之，慎思之，明辨之，笃行之"是为了知善恶、辨是非，笃行就是坚守道德，不屈不挠。如果君子博学并且能够每天审视自己的不足，就能够明辨是非善恶，行为无过，从容中道。博学于文，必须约之于礼，才算真的有学问。"博学而笃志，切问而近思"意思是说，学识渊博，笃志向上，勤于思考，不耻下问，才是真正做到了"仁"。这十个字一直是复旦大学的校训，造就了近现代的震旦精神和复旦精神。

其实，每个人都想成为博学的人，都希望拥有很多知识。然而，正如上文所说，真正的博学并不是掌握很多死的知识，像电脑那样，而是把学到的知识内化为自己生命中的部分，使知识成就德性，使德性成为力量。曹雪芹说过："世事洞明皆学问，人情练达即文章。"① 人的生命是有限的，但知识是无限的，一个人穷毕生精力也不可能什么都懂，什么都会。因此，博学决不一定要记住很多事实知识（facts）。行行都精通，这是不可能的，也是不必要的。博学无非就是人在生活过程中的点点滴滴的经验与智慧，而一个人自己在无意中所积攒的东西其实对别人来说就是一种博学。当别人遇到困惑，你能够在第一时间去帮助他，为他提出有建设性的意见，并且你的意见对需要帮助的人有作用，那么，就可以说明你是博学的。一个人，不一定去刻意的追求博学，只要每一天都在为自己的学识增加分量，不断积累，积少成多，积水成渊，"源泉混混，不舍昼夜"，就会自然而然成为博学的人。所以，博学，就要从自己的生活中去发现，要使自己的每一天过得充实，早晚有一天，你会发现，原来我也是博学的。

古人云："读万卷书，行万里路。"用今天的话说，就是多读书，勤思考，多参加社会实践。学而不厌，学无止境，学而后知不足。只有热爱学习，热爱读书，勤于思考，善于体悟，才能成

---

① 〔清〕曹雪芹：《红楼梦》，人民文学出版社，2013年，第五回。

为博学的人。当代的大学生应当在进行道德修养和实践的过程中，坚持理论与实践相统一，坚持继承光荣传统和弘扬时代精神相统一，坚持加强个人修养与接受教育引导相统一，同时自觉开展学习活动，将道德模范人物作为自己心目中的偶像、成长道路上的良师、追求全面发展的榜样。

下面是两个"博学的人"的故事，从中不但看到他们非凡的博学，也能看到他们非凡的品行。

陈寅恪[①]被誉为中国近现代最博学的人。他出身名门望族，家世显赫，可戊戌变法的失败令一切都变了，他的祖父和父亲的政治生命就此结束，而陈寅恪此时只有十岁不到，就目睹了一代世家如梦般消失。

陈寅恪游学西方二十三年，"奔走东西洋数万里"，先后就读于德国柏林大学、瑞士苏黎士大学、美国哈佛大学等著名学府，但未曾获得一个学位。文凭在他眼里，不过是一张纸罢了。在留学期间，陈寅恪学习并掌握了日、英、法、德、拉丁、希腊等十几种语言。文字是研究史学的工具，陈寅恪国学基础深厚，又大量吸取西方文化，故其见解，多为国内外学人所推重，独步成绝学，在二十世纪中国学术史上空前绝后。

1925年起，陈寅恪与王国维、梁启超、赵元任一道成为清华大学国学研究院四大导师，培养了很多了不起的第一流学人。

---

① 陈寅恪（1890—1969），义宁（今修水县）人。清朝著名诗人陈三立的第三个儿子。夫人唐筼，是台湾巡抚唐景崧的孙女，也是一位女教师。两人在清华园相识，志同道合，1928年在上海结婚。陈寅恪少时在南京家塾就读，在家庭环境的熏陶下，从小就能背诵十三经，广泛阅读经、史、哲学典籍。

陈寅恪上课的教室，总是坐得满满的，一半是学生，一半是慕名而来的老师，就连朱自清、冯友兰、吴宓那样的名教授也一堂不漏地听他上课，人称他是"教授中的教授"。

陈寅恪学贯中西，一生追求真理，崇尚学术自由。和他同为清华大学国学院"四大导师"之一的王国维因生命困惑而投湖自尽后，陈寅恪亲自为王国维撰写碑文："先生之著述或有时而不章，先生之学说或有时而可商；惟此独立之精神，自由之思想，历千万纪与天壤而同久，共三光而永光。""先生以一死见其独立自由之意志，非所论于一人之恩怨，一姓之兴亡。"陈寅恪和王国维一样，也是以生命捍卫思想的奔放与学术的自由。他是一个博学的人，也是我国知识分子风范的典型。

亚里士多德是古希腊哲学的集大成者。他的老师是柏拉图，他对柏拉图的人格非常敬仰，但他却没有盲目崇拜柏拉图的学说，而是明确地批评了老师的理念论，创立了自己的哲学体系。相传他的格言是："吾爱吾师，吾更爱真理。"亚里士多德集古代知识于一身，他的著作是古代的百科全书，恩格斯称他为古代"最博学的人"。

以上两人一个是中国人，一个是西方人；一个是现代人，一个是古代人，但他们都被称为"最博学的人"，也都是人格品行的典范。

常有人质疑博学与道德的联系，"既然博学和道德品质有关系，可为什么有的人很有学问，但道德情操却很糟糕呢？"（这在今天社会中随处可见）如上所说，那是因为他不是真正的博学，只是精通一些信息知识或技能知识而已。

在现实生活中，有许多人很重视应用型的技能知识，在某一领域是专家或科学家，但这不一定是博学，而恰恰是专而不博。人类知识大约可分为三类：一类是技能，如电脑、科技等；一类是事实性理性知识，如历史、地理、数学等；还有一类是道德价值方面的学问，如伦理学、人生智慧等。博学是融会贯通，一以贯之，更多地表现为生命意义的学问。它是一种道德实践智慧，一种处世为人的态度，这是一种开放的、积极的态度，热爱这个世界、开朗不自闭、能更多地更敏锐地把握事物阳光的一面的态度。博学，也是一种执着，热情而坚持不懈地陶醉其中，探索自己内心的困惑以至于全人类的困惑。这样的人处事积极、坚毅、锲而不舍。博学也是一种谦虚的态度，知道自己的不足才能不断学习、进取，与傲慢和势利是不相容的。从这个意义上说，博学是一种美德。

博学来自勤奋好学，只有厚积才能薄发。我国古代关于勤奋好学、终成大器的故事不胜枚举。

汉代有个叫匡衡的人，年轻时十分好学，但因为家里很穷，买不起蜡烛，晚上想读书的时候，常因没有亮光而发愁。后来，他想了一个办法——"借光"，也就是在墙壁上悄悄凿一个小孔，让隔壁人家的烛光透过来。就这样，他经常学习到深夜，后来成了西汉著名的学者，曾做过汉元帝的丞相。这就是成语"凿壁借光"的故事。

晋代时，有个叫车胤的人，从小好学不倦，但因家境贫困，一家人除了勉强维持温饱以外，再没有多余的钱买灯油供他晚上读书。为此，他只能利用这个时间背诵诗文。夏天的一个晚上，他正在院子里背一篇文章,忽然见许多萤火虫在低空中飞舞。一闪一闪的光点,在黑暗中显得特别耀眼。他想,如果把许多萤火虫集中在一起,不就成了一盏灯吗?于是,他去找了一只白绢口袋,抓了几十只萤火虫放在里面,再扎住袋口,把它吊起来。虽然不怎么明亮,但可勉强用来看书了。从此,只要有萤火虫,他就去抓一把来当作灯用。由于他夜以继日地学习,青年时便以博学多才称誉乡里,为桓温所重。

  同时代的孙康,情况也是如此。由于没钱买灯油,晚上不能看书,孙康只能早早睡觉,但他觉得让时间这样白白跑掉,非常可惜。一天半夜,他从睡梦中醒来,把头侧向窗户时,发现窗缝里透进一丝光亮。原来,那是大雪映出来的,可以利用它来看书。于是他倦意顿失,立即穿好衣服,取出书籍,来到屋外。宽阔的大地上映出的雪光,比屋里要亮多了。孙康不顾寒冷,立即看起书来,手脚冻僵了,就起身跑一跑、搓搓手。此后,每逢有雪的晚上,他就不放过这个好机会,孜孜不倦地读书。这种苦学的精神,促使他的学识突飞猛进,成为饱学之士。上述两个故事就是成语"映雪囊萤"的来历。

  欧阳修,唐宋八大家之一。四岁时父亲就去世了,家境贫寒,没有钱供他读书。买不起笔墨,欧阳修的母亲就用芦苇秆在沙地上教他写字,还教他诵读古人经典的篇章。年龄稍长,家里没有书读,便就近到读书人家去借书来读并抄写。由于欧阳修夜以继日、废寝忘食地苦读,进步神速,很快便能写诗作赋,且已达到成人的水平。这就是成语"以荻画地"的故事。

  "宝剑锋从磨砺出,梅花香自苦寒来。"今天的青年人生活在和平时代,衣食无忧,与前人相比有着非常优厚的学习条件。然而,有些同学却厌恶学习,认为学习是一种痛苦的折磨,想方设法逃避。还有的同学把学习当作父母、老师布置的不得不做的任务,为了应付、为了考试而学习。实际上,学习是一种享受,是一种幸福,是伴你成长的精神食粮。孔子曰:"十室之邑,必有忠信如丘者焉,不如丘之好学也。"[1] 年轻人一定要树立起正确的学习理念,培养起优良的学风:勤奋、严谨、求实、创新。这些优良的学风是终身受益的宝贵财富。"立身以立学为先,立学以读书为本。"[2] "读书破万卷,下笔如有神。"[3] "书山有路勤为径,学海无涯苦作舟。"[4]

---

[1]《论语·公冶长第五》。
[2] 欧阳修名言。
[3]〔唐〕杜甫:《奉赠韦左丞丈二十二韵》。
[4] 韩愈的治学名联。《增广贤文》亦收有此联。

第六讲

笃 志

经典摘录:
  志当存高远。(《诸葛亮集·诫外甥书》)
  三军可夺帅也,匹夫不可夺志也。(《论语·子罕第九》)
  无冥冥之志者,无昭昭之明。(《荀子·劝学》)
  志不强者智不达。(《墨子·修身》)

译文:
  志向应当宏伟而远大。
  强大的军队可以擒获敌方的主帅,却不能强迫一个人改变自己的志向。
  没有专心致志、矢志不渝的精神,就不会有洞察事物真相的智慧。
  志向不坚定的人,他智力的潜力也不会得到发挥。

志，就是志向，就是理想信念，我国古人更多强调求道立德的信念。立志，就是确立理想信念，立志求道，完善自我。笃志，就是持之以恒，专心致志，矢志不渝。立志要高远，什么叫高远呢？就是要学习圣贤，做个君子，或立功、或立德、或立言。小则完善自身、泽及后人；大则贡献国家、造福社会。也许有人会问：学一门技能，长大了当明星、赚大钱、住洋房，这些算不算立志呢？这勉强也算，只是这样的志向既不崇高也不深远。立志，更多指的是精神层面的东西。我国古人所谓的立志，一般都指做道德完美的人，做高境界的人。孟子认为，如果一个人放弃了道德追求，即使很有野心，也不能叫立志，也属于失其本心。荀子说"无冥冥之志者，无昭昭之明"，就是说，人如果没有孜孜以求的志向，就会浑浑噩噩，随波逐流。人是脆弱的，血肉之躯经不起重击，徒手搏不过猛兽；但人也是坚强的，人的精神异常强大，大到能扭转乾坤，上天入地。只要下了决心就没有什么做不成的，这就是我们常说的"有志者事竟成"。如果一个人不仅有远大的志向，而且志向坚定，不为艰难险阻、威逼利诱所动摇，那么，他的潜力就会得到开发，智力就会发达，变得更加聪明。这就是为什么"立志"是每一个成功人士的必备品质。

对于年轻人来说，志向是青春的火焰，是生命的动力。高远的志向如太阳，唯其大，才有永不枯竭的热能；如灯塔，唯其高，才能照亮前进的航程。那些事业有成，为人类做出卓越贡献的人，都是在青年时期就立下了鸿鹄之志，并为之坚持不懈，努力奋斗。周恩来中学时期就立下了"为中华之崛起而读书"的志向；革命先行者孙中山曾言："吾志所向，一往无前，愈挫愈奋，再接再厉。"古今中外，笃志成才的故事不胜枚举。

晋代的祖逖是个胸怀坦荡、具有远大抱负的人。可他小时候却是个不爱读书的淘气孩子。进入青年时代，他意识到自己知识的贫乏，深感不读书无以报效国家，于是就发奋读起书来。他广泛阅读书籍，认真学习历史，从中汲取了丰富的知识，学问大有长进。他曾几次进出京都洛阳，接触过他的人都说，祖逖是个能辅佐帝王治理国家的人才。祖逖二十四岁的时候，曾有人推荐他去做官，他没有答应，仍然不懈地努力读书。

后来，祖逖和幼时的好友刘琨一同担任司州主簿。他与刘琨感情深厚，不仅常常同床而卧，同被而眠，而且还有着共同的远大理想：建功立业，复兴晋国，成为国家的栋梁之才。

一次，半夜里祖逖在睡梦中听到公鸡的鸣叫声，他一脚把刘琨踢醒，对他说："别人都认为半夜听见鸡叫不吉利，我偏不这样想，咱们干脆以后听见鸡叫就起床练剑如何？"刘琨欣然同意。于是他们每天鸡叫后就起床练剑，剑光飞舞，剑声铿锵。春去冬来，寒来暑往，从不间断。功夫不负有心人，经过长期的刻苦学习和训练，他们终于成为能文能武的全才，既能写得一手好文章,又能带兵打胜仗。祖逖被封为镇西将军,实现了他报效国家的愿望;刘琨做了征北中郎将,兼管并、冀、幽三州的军事,也充分发挥了他的文才武略。

我国唐朝著名学者陆羽,从小是个孤儿,被智积禅师抚养长大。陆羽虽身在庙中,却不愿终日诵经念佛,而是喜欢吟诗读书,立志做些有意义的事情。于是陆羽想下山求学,却遭到了禅师的反对。禅师为了给陆羽出难题,同时也是为了更好地教育他,便叫他学习冲茶。在钻研茶艺的过程中,陆羽碰到了一位好心的老婆婆,不仅学会了复杂的冲茶的技巧,更学会了不少读书和做人的道理。当陆羽最终将一杯热气腾腾的苦丁茶端到禅师面前时,禅师终于答应了他下山读书的要求。后来,陆羽勤奋苦读,孜孜不倦,撰写了广为流传的《茶经》,把中国的茶艺文化发扬光大!

北宋时期的包拯,自幼立志为民伸冤,报效国家。他聪颖好学,特别喜欢推理断案,他父亲与知县交往密切,包拯从小耳濡目染,学会了不少的断案知识。尤其在焚庙杀僧一案中,包拯根据现场的蛛丝马迹,剥茧抽丝,排查出犯罪嫌疑人后,又假扮阎王,审清事实真相,协助知县缉拿凶手,为民除害。后来,他努力学习律法刑理知识,长大以后断案如神,不畏权贵,为民伸冤,成为名传千古的清官——包青天。

成就功名固然是立志,但如前所述,中国儒家思想更把成就个人道德、提高人生境界看成是立志。那些没有道德追求的人,即使在某些方面成功了,也是失却本心的人。因此,崇高的志向必然与高尚的人格和高尚的事业联系在一起。那些名垂青史的人哪个不是如此呢？少年毛泽东离开家乡时写道："孩儿立志出乡关，学不成名誓不还。埋骨何须桑梓地，人生无处不青山。"多么的豪迈。现在，有些同学把赚钱多少、有没有豪车豪宅、做到什么级别的官定为人生目标，还美其名曰立志，这样的志向固然比完全没有志向好，但充其量只能说是心大，不能说是志大。中国民主革命的先行者孙中山先生当年曾激励广大青年：要立志做大事，不要立志做大官。

立志固然重要，但更重要的是要专心致志，坚持不懈，持之以恒，不可中道而辍，这就是笃志。日日行不怕千万里，天天做不怕万难事，没有坚持精神，再美好的理想也不会实现。

竺可桢是我国近代科学家、教育家的一面旗帜，气象学界、地理学界的一代宗师，献身事业的一名忠诚勇士。他一生热爱祖国，热爱科学和教育事业，为我们留下了许多宝贵的精神财富，其中他那"滴水穿石"的精神值得我们学习。

1890年3月7日，竺可桢生于浙江绍兴。五岁进学堂，七岁开始写作文。竺可桢写作文，常常是写了一遍，自己觉得不好又重新再写一遍，等到他自己认为满意了才停笔。竺可桢读书很用功，常常当他上床睡觉时，公鸡已经啼叫了。他母亲怕累坏了他的身子，就用陪学的办法督促他早睡。

童年的竺可桢不仅爱学习，更爱思考问题。家乡雨水多，屋檐上老是滴水，落在石板上发出"滴滴答答"的响声。竺可桢站在一旁数那滴答作响的水滴，数着数着，他像发现了奇迹，眼睛盯住石板出神，他心里纳闷：石板上怎么有一个一个的水坑呀，水滴正好滴在小坑里。再看看另外一块石板，也是同样的情况。

他立即跑去请教父亲。父亲听了儿子的问话，耐心地向他解释说："这就叫'水滴石穿'呀！别看一滴一滴的雨水没有什么厉害的，但是，天长日久，石板就被滴出小坑了。读书、办事情，也是这个道理，只有持之以恒，才会有所成就。"

这一番话深深触动了竺可桢幼小的心灵。从此以后，"水滴石穿"的教诲成了竺可桢一生的座右铭。从小学、中学直到大学，他一直用这句话鼓励自己。1910年，二十岁的竺可桢去美国留学，八年后，他获得哈佛大学博士学位。回国后，一直从事气象事业。后来竺可桢成为我国近代地理学和气象学的奠基人。他学识渊博，在气象学、地理学、自然科学史等方面都有卓越贡献，许多研究都有重大创新，达到国际一流水平。而且，竺可桢胸襟豁达开阔、治学严谨勤奋、待人宽厚至诚，被称为"品格和学问的伟人"。

今天，我们的国家社会安定，国力强盛，正行进在全面建成小康社会的征途中，但生活富裕了，也容易让人滋生惰性，贪图安逸。调查显示，有百分之四十的青年学生整天沉湎于网络，早上睡懒觉，白天浑浑噩噩，一切以"开心"为目的，跟着感觉走，不知理想为何物。由于不锻炼身体，生活散漫，体质明显下降。其根源是没有崇高志向，缺乏毅力。

我们要时刻记住，生命的意义在于奋斗，在于不懈地追求。那么，我们该立什么样的志向呢？每一代人不仅要走过自己的人生历程，而且还担负着历史的使命。不同时代的青年面对不同的历史课题，承担着不同的历史使命，我们的个人志向要与我们肩负的历史使命联系起来，才有意义。当代大学生承担的是建设祖国、实现中华民族伟大复兴的历史使命。因此，我们要立志报效国家，立志振兴中华，把个人价值与社会价值统一起来，把个人幸福与贡献社会统一起来，在新的起点上继往开来，在现实的基础上迎接挑战。这样的志向比起那些苟营于一己私利，是何等的光荣与豪迈啊！

第七讲

持 敬

经典摘录：
　　修己以敬。(《论语·宪问第十四》)
　　慎重持敬，谨终如始。(康熙《庭训格言》)
　　敬以直内，义以方外。(《周易·系辞》)
　　言忠信，行笃敬。(《论语·卫灵公第十五》)
　　敬以持躬，恕以待人。(《曾文正公嘉言钞》)

译文：
　　用敬畏和庄重的态度来加强自己的修养。
　　处处要谨小慎微，心存敬畏，不管大事小事，始终如一。
　　存敬畏之心，方能从容中道，言行中礼。
　　言语要诚实守信，行为要踏实谨慎。
　　用心存敬畏的标准来要求自己，用宽容的态度对待别人。

持，指拿着，遵守不变。敬，尊重，有礼貌地对待。持敬，就是持守恭敬之心。做事情严肃认真，有一颗敬畏的心。宋代罗大经《鹤林玉露》卷十三载："造道必有门，伊洛先觉以持敬为造道之门。"意思是说，学道必有入门处，宋代理学家把"持敬"作为学道的入门方法，可见其重要。

人要有敬畏感。孔子有三畏："畏天命，畏大人，畏圣人之言。"[1] 德国伟大的哲学家康德曾经说过："有两样东西，我们愈经常愈持久地加以思索，它们就愈使心灵充满日新月异、有加无已的景仰和敬畏：在我之上的星空和居我心中的道德法则。"[2] 温家宝也说过："一个民族有一些关注天空的人，他们才有希望。"[3] 关注天空，就是心存敬畏。有畏才有敬，有敬才有礼。小人则肆无忌惮，行险以侥幸。

康熙教育他的子弟：对于天下发生的任何事情，都不能忽

---

[1] 《论语·季氏第十六》。
[2] 〔德〕康德：《实践理性批判》，韩水法译，商务印书馆，1999年，第177页。
[3] 2007年5月14日，温家宝在同济大学建筑城规学院钟厅向师生们作了一个即席演讲，其中讲到：一个民族有一些关注天空的人，他们才有希望。原话是18世纪德国哲学家黑格尔说的。黑格尔讲过这样一个观点："一个民族有一些关注天空的人，他们才有希望；一个民族只是关心脚下的事情，注定没有未来。"

视、掉以轻心,即便是最小最容易的事情,也应当采取慎重的态度。慎重,就是所谓的"敬"。在没有事的时候,用"敬"来约束自己的操行;在有事的时候,以"敬"心去应付一切。内心保持敬畏、戒慎恐惧,外表才能有文明礼貌的举止、认认真真的事业,所以说"敬以直内,义以方外"。对上级、长辈要尊敬,对同辈要尊重,对事情要慎重,这都是持敬的表现。说话要信守承诺,实事求是;做事要认真专一,待人要懂礼仪,这就叫"言忠信,行笃敬"。

做任何一件事情,都一定要始终如一,谨慎小心。坚持谨慎持重、从长计议的做事原则,并养成一种良好的习惯,就不会有什么过失、错误发生。所以说,一个人心中如果有了"敬"意,那他的身心就会处在一种厚重、澄清的状态之中。把"敬"放在心上,就如同主人在家,自然能够整理好家务,这就是古人所说的"敬"能够使一个人的内心变得正直的含义。只有敬,才能慎重其事,才能得到他人的肯定。尤其是对待家长和老师,更应该保持尊敬之心。尊敬老师才能严肃对待学业,取得好成绩。古往今来,许许多多尊师重道的故事被传为佳话。

宋朝时,游酢、杨时两人跟着程颐[①]老夫子学习,他们对老师非常恭敬。在冬季的某一天,这两位学生陪着老师,并听老师教诲。说了一会儿,程老夫子便闭目养神,不知不觉地睡着了。他们两个不敢离开,又怕吵醒夫子,就静静地站在两旁等夫子醒来。夫子醒来见他们两位还站在旁边,便说了:"你们还没走

---

① 程颐,二程兄弟之一,宋明理学的创始人。

啊!"他们两个回答:"我们是因为先生睡着了,没有请命,不敢离去!"于是再把书中有疑问的地方请教夫子,最后才向夫子拜辞。出门的时候他们才发现雪已经积了三尺深了。这两位学生,后来也都成为很有名的学者。这就是著名的"立雪程门"的故事。

大凡弟子要能够成材,首先要懂得向老师虚心求教,而在跟随老师的同时,就应该要明白恭敬侍奉师长的道理。须知父母养育我们,师长教导我们,是一样的恩泽,怎么可以不尊敬呢!而且,一个能尊敬老师的人,也就能重视学业;相应地,也就是尊重自己。游酢、杨时尊师重道的精神,值得大家去体会、学习。

东汉时代,有一位名叫魏昭的人,当他还在童年求学的时候,看到郭林宗,心想这是一位难得的好老师,便对人说:"教念经书的老师是很容易请到的,但是要请到一位能教人成为老师的人,就不容易找到了。"所以他就拜郭林宗为老师,而且派奴婢侍奉老师。但是郭林宗体弱多病,有一次他要魏昭亲自煮粥给他吃。当魏昭端着煮好的粥进来的时候,郭林宗便呵责他煮得不好,魏昭就再煮一次。这样一连三次,到了第四次,当魏昭再次毕恭毕敬地把粥端来时,郭林宗才笑着说:"我以前只看到你的外表,今天终于看到你的真心啦!"于是大喜,将毕生所学全部教给了魏昭,而魏昭也终成大器。当我们真心地对待他人的时候,他人也必定会以真心回报我们的。

我国老一辈无产阶级革命家也都十分尊敬他们的老师。1951年2月,南开大学老校长张伯苓突然患脑血栓逝世,周恩来参加了治丧委员会并送了花圈,白色缎带上写着:"伯苓师千古,学生周恩来敬挽。"张伯苓逝世后，周恩来一直惦记着张家的生活。1961年国家困难时期，周恩来给张伯苓夫人送去五百元人民币，并嘱咐交际处要加倍关照张夫人及其子女。

当然，持敬的品质绝不仅仅局限于尊敬老师，凡是长辈都应该尊敬，也应该敬重所从事的工作。我们社会主义职业道德中第一项叫做"爱岗敬业"，反映的是从业人员热爱自己的工作岗位，敬重自己所从事的职业，勤奋努力，尽职尽责的道德操守，这是社会主义职业道德的基本要求。它要求我们干一行爱一行，爱一行专一行，精益求精，尽职尽责，"以辛勤劳动为荣，以好逸恶劳为耻。"每个职业都是神圣的，它不仅是个人谋生的手段，也是从业者不断完成自身社会化的重要条件，是个人实现自我、完善自我不可或缺的舞台。

我们经常看到许多年轻人，坐没坐相，站没站样；生活懒散，工作马虎；朝三暮四，恣意妄为；在家与父母顶嘴，在学校与老师发横，工作中对上司无礼。利用长辈对他们的爱护而欺侮长辈，不知感恩，不负责任，耽于游戏，无意学习，等等，这些无知的表现纵然与独生子的家庭教育、与社会大环境有关，但主要是与缺乏自我修养、缺乏道德认知有关，不懂得"持敬"。

世界上最怕"认真"二字，而认真实际上就是"持敬"。敬也与信仰有关，一个没有信仰的人往往不知敬畏，也不会找到真正的幸福。因此，同学们要树立起崇高的信仰和坚定的信念，才能谨慎地对待周围的人和事。

给大家讲一个宾主不敬而酿成战祸的故事。

春秋时期齐顷公六年（前591）春，晋国大夫郤克、鲁国上卿季孙行父、卫国上卿孙良夫、曹国大夫公子首，四位使臣恰巧同一天来齐国访问，并在齐国的国宾馆住下了。第二天面见齐顷公，各致主君之意。礼毕，齐顷公看见四位大夫容貌，暗暗称怪，说："四位大夫暂且回公馆，改日设宴相待。"四位大夫退出朝门。

　　齐顷公入宫，见到他的母亲萧太后，忍不住发笑。萧太夫人自从守寡之后，一直郁郁寡欢。顷公是个孝子，常常想办法让母亲开心，每当听到民间里巷有可笑的事情，总是对母后述说，以博得母亲的欢喜。这天，顷公光笑不说话。萧太夫人就问："外面又听到什么有趣的事了，让你如此欢笑？"顷公回答："没什么有趣的事，只是有一件怪事。今天晋、鲁、卫、曹四国，各派大夫来我国访问。晋大夫郤克是个瞎子，只有一只眼睛看得见；鲁大夫季孙行父是个秃子，没有一根头发；卫大夫孙良夫是个跛子，两脚一高一低；曹公子首是个驼背，两眼观地。孩儿想，身患残疾不为怪，但四人各占一病，又同时出使我国，堂上聚着一群怪人，岂不可笑？"萧太夫人不信，说："有这等巧事？能不能让为娘看他们一眼？"顷公说："外国使臣来访，照例公宴后有私宴。来日儿命人设宴于后花园，四位大夫来赴宴，必然从崇台下经过。到时候母亲在台上隔着帷幕悄悄看一下无妨。"

　　私宴那天，萧太夫人早已在崇台上等着了。按照当时的外交惯例：使臣来到，凡车马仆从都是宗主国提供。顷公为了博得母夫人一笑，专门在国中挑选了四个残疾人：一个独眼，一个秃子，一个跛子，一个罗锅，让他们分别陪同四位大夫。齐国的上卿，名叫国佐，听到这个消息，急忙劝谏："朝聘是国家大事，宾主主敬，敬以成礼，万不可视同儿戏！"顷公不听。当日中午，两个独眼，两个秃子，一双驼背，一双跛子乘车从台下经过。萧太夫人启帷望见，不觉大笑，左右侍女，无不掩口，笑声传出好远。

郤克刚开始看到为他赶车的人也是个独眼，以为偶然，没有见怪。听到台上有妇女嬉笑声，觉得不对劲。草草喝了几杯，急忙起身回到馆舍，派人打探崇台上是什么人，有人回复道："是国母萧太夫人。"

没多久，其他三位大夫也回到公馆，跟郤克说："齐国故意让赶车的人戏弄我等，供妇人观笑，是何道理？"郤克说："我等好意修聘，反被羞辱。此仇不报，非丈夫也！"其他三人都怒气冲冲地说："大夫如果兴师伐齐，我们回奏国君，倾国相助。"四人歃血为盟，商量了一夜，第二天不辞而别，怒归本国。

就因为齐顷公一时失敬、失礼，一场残酷的多国战争不久就爆发了。这个故事来自《东周列国志》，《史记》也有记载。史臣对此感叹道："主宾相见敬为先，残疾何当配执鞭？台上笑声犹未寂，四郊已报起烽烟。"[1]

中国儒家非常重视人与人之间的关系，认为恭敬和谦虚一样，都是为人处世的重要准则，因为人只有以一种恭敬的心对待别人，对待自己的职责，才能获得别人的尊敬。因此"敬，身之基，德之聚也，能敬必有德"[2]。

---

[1]〔明〕冯梦龙：《东周列国志》，华夏出版社，2013年，第五十六回。
[2]《左传·僖公二十三年》。

第八讲

守 静

经典摘录：
　　静以修身，俭以养德。(《诸葛亮集·诫子书》)
　　非澹泊无以明志，非宁静无以致远。(《诸葛亮集·诫子书》)
　　致虚极，守静笃，万物并作，吾以观其复。(《道德经》第十六章)
　　定而后能静，静而后能安。安而后能虑，虑而后能得。(《大学》)

译文：
　　安静可以修身养性，勤俭可以培养德行。
　　没有对名利的淡薄就不可能明确志向，没有宁静的心态就不可能有远见。
　　超越现实世界而到达道的境界，逗留在那个静止的绝对空间，观看被这个绝对空间环抱的世界，万物的本来面目便清晰地呈现出来。
　　心定方能心静，心静方能心安，心安之后才能进入思考，才能有所收获。

守静指收拢烦乱的心，让心灵处于安宁、平静的状态。保持清静，无所企求。老子《道德经》第十六章有"致虚极，守静笃"，就是说，诚心诚意地守静，一定会达到心灵空明的境界。其目的是"归根曰静，静曰复命，复命曰常，知常曰明"①，意味着想要回归到生命的根源，就要入静，入静以后，生命才可以得到回复，才能够体会到宇宙永恒的法则，就能够体悟到大道，找到真我。老子是道家的创始人，他的文字中充满着哲学的智慧，同时也是针对春秋战国时期统治者尔虞我诈、争权夺利，致使战事频仍、民不聊生的状况提出的解决方案。这些话，对今天人们加强思想道德修养，有着深刻的启迪作用。

　　优良的道德品质的形成依靠内心的平静、精力的集中，依靠俭朴的生活作风。没有身心宁静就不能专心致志；学习不专心致志，就不能有所收益。只有看轻世俗的名利，才能明确自己的志向，才能在学习上获得成就。"君子之行，静以修身，俭以养德，非澹泊无以明志，非宁静无以致远。"② 一个高尚的人，在实践

---

① 《老子》第十六章。
② 《诸葛亮集·诫子书》。

方面，注重宁静安定，以完善自己的修养；注重俭朴，以不断提高自己的道德境界。只有安定清静，才能使自己有开阔的眼界；只有生活简单朴素，才能显示出自己的志趣。

在浮躁的社会中，面对着社会的起伏跌宕，人们往往意乱神迷，以致心猿意马；面对种种诱惑，也常常昏昏然不知所措。此时，只有"俭以养德，静以修身"，抛却功利，抛却浮躁，抛却盲目，面对功名、利禄、金钱，视之如浮云，宁静安定，宠辱不惊，方能以不变应万变，立定脚跟，勇往直前。

相反，在现实生活中，一些身居高位的人，面对五光十色的生活，往往失却了本心，目迷五色，利欲熏心，难以自持。他们之所以会身陷囹圄，就是因为他们不能养德修身，不能持守心灵的那一分宁静，物欲横流，贪权逐利，错把人民赋予的权力当作他们升官发财的手段；错把为民服务的本分，当作可以高高在上的本钱。他们在功利面前变得浮躁而贪婪，从而恣意妄为。

纵观贪官堕落的过程，给人们提出了一个沉重的话题：面对丰富多彩的物质生活，一个人如何才能不坠青云之志呢？首先要守静，不能躁动，"心静则明，水止乃能照物"[1]。古人云："花繁柳密处拨得开，方见手段；风狂雨骤时立得定，才是脚跟。"[2] 其次，需要有俭朴的作风。"历览前贤国与家，成由勤俭败由奢"[3]，对国家来说是如此，对个人来说也是如此。有些人一路青云，得意忘形，便浮躁起来，浮躁一起，悖乱必生，甚至变得

---

[1]〔清〕王永彬：《围炉夜话》，远方出版社，2007年。
[2]〔清〕金缨：《格言联璧》，山西古籍出版社，1999年。
[3]〔唐〕李商隐：《咏史》。

狂妄自大。医治浮躁的良药，就是要牢记"始终保持艰苦奋斗的作风，始终保持谦虚谨慎的作风"①，有一颗平常心。俗话说心静自然凉，去浮躁要保持宁静的心态，看得清自己是谁，找得准自己的位置。

人都有欲望，包括生存的欲望、享乐的欲望和发展的欲望，等等。人类社会物质文明和精神文明的发展，其动力主要来自人们对自身物质利益、精神需要的欲望和追求。对于人的各种欲望，我们应当有清醒的认识，既要肯定和支持其积极、正常、合理的内容，又要否定和节制那些消极、过度、不合理的部分。换言之，对于欲望，要有度。过度的欲望，就是贪欲。实现贪欲的那些想法、点子，就是诈智。老子提出的"致虚""守静"，其主旨和积极意义就在于要求人们戒除贪欲和诈智，清心寡欲。这是人生修养中必须解决的一个重要课题。

我们今日重提守静，并不是要人们避开人世间的各种矛盾和困难，也不是倡导"跳出三界外，不在五行中"，消极避世、无所作为。而是要面对现实，淡泊个人名利，排除私心杂念，为了社会的利益去积极地抗争、劳动、工作，孜孜不倦地去追求真、善、美，反对假、恶、丑。辩证法认为，静和动是相互依存的，是对立的统一。在火热的斗争和生活中，要有冷静的思考；在繁忙的工作中，要静下心来，认真地读点书；在无止境的欲望更替中，要有节制，有所为有所不为，把握好度。冷静思考，韬光养晦，是为了更好地投入工作和生活中。认真地读书，是为了提高

---

① 毛泽东在中共七届二中全会上的讲话。

工作质量。节制不合理的欲望,是为了有效地实现合理的欲望。动中持静,静中有动。这是太极拳原理,也是我们在社会生活领域中应有的守静观。

戒贪戒诈,保持内心世界的宁静,是一种很高的精神境界和人生修养。历史上许多仁人志士深谙"静以修身""澹泊明志""宁静致远"的道理,并且身体力行之。

被王安石称为"一世之师"的我国宋代文学家、思想家范仲淹①,两岁就成了孤儿。但他从小读书十分刻苦,为了励志,常独自一人去附近长白山上的醴泉寺寄宿读书,晨夕之间,吟哦讽诵,给僧人留下了深刻的印象。那时,他的生活极其艰苦,每天只煮一碗稠粥,凉了以后划成四块,早晚各取两块,拌几根腌菜,调以醋汁,吃完继续读书。他对这种清苦生活毫不介意,用全部精力在书中寻找着自己的乐趣。后世便有了"断粥划齑"的美誉。

宋真宗大中祥符四年(1011),二十三岁的范仲淹来到睢阳应天府书院(今河南商丘市睢阳区)。应天府书院是宋代著名的四大书院之一,共有校舍一百五十间,藏书数千卷。到这样的学院读书,既有名师可以请教,又有许多同学互相切磋,还有大量的书籍可供阅览,况且学院免费就学,更是经济拮据的范仲淹求

---

① 范仲淹(989—1052),字希文,汉族,苏州吴县(今属江苏吴县)人。唐宰相范履冰之后。北宋著名的政治家、思想家、军事家和文学家,祖籍邠州(今陕西省彬县),后迁居苏州吴县。他为政清廉,体恤民情,刚直不阿,力主改革,屡遭奸佞诬谤,数度被贬。皇佐四年(1052)五月二十日病逝于徐州,终年六十四岁。是年十二月葬于河南洛阳东南万安山,谥文正,封楚国公、魏国公。有《范文正公集》传世,通行有《四部丛刊》影明本,附《年谱》及《言行拾遗事录》等。

之不得的。范仲淹十分珍惜崭新的学习环境，昼夜不息地攻读。范仲淹的一个同学、南京留守（南京的最高长官）的儿子看他终年吃粥，便送些美食给他。他竟一口不尝，听任佳肴发霉。直到人家怪罪起来，他才长揖致谢说："我已安于过喝粥的生活，一旦享受美餐，日后怕吃不得苦。"范仲淹艰涩的生活，有点像孔子的贤徒颜回：一碗饭、一瓢水，在陋巷，他人叫苦连天，颜回却不改其乐。

范仲淹连年苦读，从春至夏，经秋历冬。凌晨舞一通剑，夜半和衣而眠。别人看花赏月，他只在六经中寻乐。偶然兴起，也吟诗抒怀。数年之后，范仲淹对儒家经典诸如《诗经》《尚书》《易经》《礼记》《春秋》等书主旨，已然大通，慨然以天下为己任。

大中祥符七年（1014），宋真宗率领百官到亳州去太清宫朝拜。浩浩荡荡的车马路过南京，整个城市轰动了。人们争先恐后地看皇帝，唯独有一个学生闭门不出，仍然埋头读书。有个要好的同学特地跑来劝他："快去看，这是个千载难逢的机会，千万不要错过！"但这个学生只随口说了句："将来再见也不晚"，便头也不抬地继续读他的书了。果然，第二年他就得中进士，见到了皇帝。这位学生就是范仲淹。

面对灯红酒绿、物欲横流，如何保持平静的心态，耿介拔俗，甘于淡泊，出淤泥而不染？面对一部分人先富起来，如何保持平衡的心态，神安气定，心无旁骛，坚持默默无闻的奉献？面对人生的各种遭遇，如何保持平常人的心态，做到宠辱不惊、去留无意？这些课题，时刻都在考验着我们每个人。只有静下心来，才能专心思考，工作投入，做出成就。无静无以成学，许多名人小时候都有这个品质。

几十年前，波兰有个叫玛妮雅的小姑娘，学习非常专心。不管周围怎么吵闹，都分散不了她的注意力。一次，玛妮雅在做功课，她姐姐和同学在她面前唱歌、跳舞、做游戏。玛妮雅就像没看见一样，仍在一旁专心地看书。姐姐和同学想试探她一下。她们悄悄地在玛妮雅身后搭起几张凳子，只要玛妮雅一动，凳子就会倒下来。时间一分一秒地过去了，玛妮雅读完了一本书，凳子仍然竖在那儿。从此姐姐和同学再也不逗她了，而且像玛妮雅一样专心读书，认真学习。玛妮雅长大以后，成为一个伟大的的科学家。她，就是居里夫人。

守静，是修养，也能生智慧，还能祛病延年。佛家认为："灵台清静，静能生慧，慧能生智。"道家说："静能生定，定能生慧。"《昭德新编》说："水静极则形象明，心静极则智慧生。"[①]《延乎答问录》曰："盖心下热闹，如何看得道路出？须是静，方看得出。所谓静坐，只是打叠得心下无事，则道理始出。道理即出则心下愈明静矣。"[②]《素问·上古天真论》指出："恬淡虚无，真气从之，精神内守，病安从来？"陶弘景说："静者寿，躁者夭，静而不能养，减寿；躁而能养，延年。"[③] 总之，儒家、佛家、道家都认为，"静能生慧"，"静能开悟"，"静能

[①]《昭德新编》系宋人晁逈所著，具有重要的人生哲学思想，但在学术界却很少引起关注。
[②] 百度百科·静慧。
[③] 同上。

正道"。

要拒绝引诱,不过份专注于外物,心才会达到静定,这就是戒的意义。心清静、意清静,智慧即会涌现。现今,我们有些同学学习困难,一个很重要的原因就是不能静下心来,总是心浮气躁,缺乏耐心。要知道,心静才能神清,神清才能专一,专一才能有灵感。守静需要长期的磨炼,不是一蹴而就的,日积月累,自然会养成习惯。中国太极拳和书法是练习安静的最好方式,也是中华传统文化之瑰宝。

古人云:"灯动则不能照物,水动则不能鉴物,人性亦然,动则万里皆昏,静则万里皆澈。"① 又云:"静而后能安,安而后能虑,虑而后能得。"真金科玉律之言也。

---

① 〔清〕金缨:《格言联璧·原注》,山西古籍出版社,1999年。

第九讲

正气

经典摘录：

内惟省以端操兮，求正气之所由。（《楚辞·远游》）

我善养吾浩然之气。（《孟子·公孙丑上》）

君子行正气，小人行邪气。（《文子·符言》）

天地有正气，杂然赋流形，下则为河岳，上则为日星，于人曰浩然，沛乎塞苍冥。（文天祥《正气歌》）

译文：

内心常常自省以端正操守，以求得胸中正气。

我善于培养我心中的浩然之气。

君子行的是正气，小人行的是邪气。

天地间有一种正气，可以赋予各种事物中，下则形成河山，升则成为日夜星辰。在人的身上表现为浩然，充塞整个宇宙。

从词源上说，正气，指刚正之气。浩然正气，就是正大刚直的精神。据《孟子·公孙丑上》记载，有一次，孟子的弟子公孙丑问孟子，说："请问老师，您的长处是什么？"孟子说："我善于培养我的浩然之气。"公孙丑又问："什么叫浩然之气？"孟子说："这很难描述清楚。如果大致去说的话，首先它是充满天地之间的一种浩大、刚强的气。其次，这种气是配正义和道德经过日积月累形成的。如果没有正义和道德存储其中，它也就消退无力了。"也就是说，这种气，是凝聚了正义和道德，从人的自身产生出来的"夜气"，是不能靠伪善或是挂上正义和道德的招牌而获取的。

由此可见，所谓浩然之气，就是刚正之气，人间正气，是大义大德造就的一身正气。孟子认为，一个人有了浩气长存的精神力量，面对外界一切巨大的诱惑也好，威胁也好，都能处变不惊，镇定自若，达到"不动心"的境界。也就是"富贵不能淫，贫贱不能移，威武不能屈"[1]。

孟子说："鱼，我所欲也，熊掌，亦我所欲也；二者不可得兼，舍鱼而取熊掌者也。生，亦我所欲也，义，亦我所欲也；二

---

[1]《孟子·滕文公下》。

者不可得兼，舍生而取义者也。"① 意思是说，鱼是我想得到的，熊掌也是我想得到的，在两者不能同时得到的情况下，我宁愿舍弃鱼而要熊掌。生命是我所珍爱的，道义也是我所珍爱的，在两者不能同时得到的情况下，我宁愿舍弃生命而要义。这就是儒家杀身成仁、舍生取义的精神。你可以摧垮我的肉体，但摧不垮我的精神。这是浩然正气的生动体现。

对孟子说的浩然正气，民族英雄文天祥写的《正气歌》做出过生动的描绘。诗中写道："天地有正气，杂然赋流形。下则为河岳，上则为日星。于人曰浩然，沛乎塞苍冥。皇路当清夷，含和吐明庭。时穷节乃见，一一垂丹青。在齐太史简，在晋董狐笔。在秦张良椎，在汉苏武节。为严将军头，为嵇侍中血。为张睢阳齿，为颜常山舌。或为辽东帽，清操厉冰雪。或为《出师表》，鬼神泣壮烈。或为渡江楫，慷慨吞胡羯。或为击贼笏，逆竖头破裂。是气所磅礴，凛烈万古存。当其贯日月，生死安足论。地维赖以立，天柱赖以尊。三纲实系命，道义为之根。嗟予遘阳九，隶也实不力。楚囚缨其冠，传车送穷北。鼎镬甘如饴，求之不可得。阴房阗鬼火，春院闭天黑。牛骥同一皂，鸡栖凤凰食。一朝蒙雾露，分作沟中瘠。如此再寒暑，百疠自辟易。嗟哉沮洳场，为我安乐国。岂有他缪巧，阴阳不能贼。顾此耿耿在，仰视浮云白。悠悠我心悲，苍天曷有极。哲人日已远，典刑在夙昔。风檐展书读，古道照颜色。"②

---

① 《孟子·告子上》。
② 文天祥（1236—1283），字履善，后改字宋瑞，自号文山，吉州庐陵（今属江西吉安）人。南宋后期杰出的民族英雄、军事家、爱国诗人和政治家。

浩然正气寄寓于宇宙间各种不断变化的形体之中。在大自然，便是构成日、月、星辰、高山大河的元气；在人间社会，天下太平、政治清明时，便表现为祥和之气；在国家、民族处于危难关头时，便表现为仁人志士刚正不阿、宁死不屈的气节。社会秩序靠它维系而得以长存，道义是它产生的根本。诗中还列举了中国历史上许多可歌可泣的历史人物，如不怕杀头仍秉笔直书的晋国史官董狐；坚贞不屈，誓死不降，在匈奴牧羊十九载的苏武；被俘后大喝"蜀中只有断头将军，而无投降将军"的严颜；率部渡江北伐、中流击楫、发誓收复中原的东晋名将祖逖；还有充满忠贞正直之气的诸葛亮等，作为例证，说明浩然之气长存于天地之间。

浩然正气，代表着自强不息的华夏民族精神，曾经激励着一代又一代的中国人民前赴后继，奋斗不息。

春秋时期，周灵王二十三年（前544），齐国的崔杼杀死了齐庄公，另立公子杵臼为君，这就是齐景公，崔杼自立为右相。为了掩盖弑君的罪行，崔杼命令史官太史伯在记录这段历史时要写庄公因患疟疾而死。太史伯坚决不听从，仍然在竹简上写下了："夏五月乙亥，崔杼弑其君光。"崔杼看了后，十分恼火，当时就杀了太史伯。太史有三个弟弟，分别叫仲、叔和季。伯死后，仲依旧如实续写，也被崔杼怒杀了。叔也不怕死，还是像他哥哥那样写，结果又被杀死。当最后一位弟弟季写的时候，崔杼告诉他："你的三个哥哥不听我的话，都死了，你如果按我说的写，就免死。"季回答说："依据事实直书，是太史的天职，失职而生，不如死！即使我不这样书写，天下必有人这样写。不写不足以掩盖相国的丑行,却反而会使有识者耻笑我。我不怕死,要杀要剐,你看着办。"崔杼没办法,慨叹而去。

宁死不做亏心事,就是一种浩然正气。正气是一种道德,是一种力量,也是一种精神境界。历代民族英雄的壮举都是这种浩然正气的生动体现。

于谦（1398—1457）,字廷益,号节庵,明朝名臣,民族英雄。宣德五年（1430）,以兵部右侍郎巡抚河南、山西。正统十四年（1449）土木堡之变,明英宗被瓦剌俘获,京城空虚,满朝恐慌,面临靖康之耻的危险。他力排南迁之议,坚请固守,进为兵部尚书。代宗立,整饬兵备,调遣两京和周边的后备军,部署要害,亲自督战,极大地鼓舞了士气。他亲自率师列阵北京九门外,大破瓦剌军。于谦忧国忘身,口不言功,自奉俭约,所居仅蔽风雨。由于性固刚直,颇遭众忌,于天顺元年（1457）,被石亨等诬其谋立襄王之子,被杀。万历年中,谥忠肃。有"粉身碎骨浑不怕,要留清白在人间""一片丹心图报国,两行清泪为忠家"等诗句流传。《明史》称赞其"忠心义烈,与日月争光"。于谦与岳飞、张煌言并称"西湖三杰"。

史可法（1601—1645）,字宪之,又字道邻,明末政治家,军事家。其师为左光斗。曾任明朝南京兵部尚书,东阁大学士,是中国著名的民族英雄。顺治二年（1645）五月十日,清豫亲王多铎兵围扬州,史可法传檄诸镇发兵援救,刘泽清北遁淮安,仅刘肇基等少数兵至,防守见绌。此时多尔衮劝降,史可法致《复多尔衮书》拒绝投降。后兵败被俘,不屈而死。南明朝廷谥之忠靖。清高宗追谥忠正。清代诗人刘藻有诗赞颂史可法:"一木支大厦,成仁几日间。浩然留正气,千古配文山。"

这种自强不息的民族精神、凛然正气,代代相传,连绵不断,代表着中华民族独特的精神。在中国近现代革命史上,也涌现出了无数的革命英烈,他们为正义事业或信仰而视死如归的精神,就是一种浩然正气,它气贯长虹,惊天地、泣鬼神。

1931年"九一八事变"后,赵一曼①被中国共产党派到东北地区领导革命斗争。与日军展开游击战争。作战时不幸因腿部受伤被捕。日军为了从赵一曼口中获取到有价值的情报,找了一名军医对其腿伤进行了简单治疗后,连夜对其进行了严酷的审讯。

面对凶恶的日军,将生死置之度外的赵一曼忍着伤痛怒斥日军侵略中国以来的各种罪行。凶残的日军见赵一曼不肯屈服,使用马鞭狠戳其腿部伤口。赵一曼表现出了一个共产党员坚强的意志和誓死抗日的决心,痛得几次昏了过去,仍坚定地说:"我的目的,我的主义,我的信念,就是反满抗日。"凶残的日本军警对她进行了老虎凳、灌辣椒水等更加严酷的刑讯。据敌伪档案记载,日本宪兵为了逼迫她供出抗联的机密和党的地下组织,对她进行了灭绝人性的拷问,刑讯前后采用的酷刑多达几十种,其中包括电刑。但她始终坚贞不屈,没有吐露任何实情。

日军知道从赵一曼的口中得不到有用的情报,决定把她送回

---

① 赵一曼(1905—1936),曾任东北抗日联军第三军二团政委,人称"红枪白马女政委"。原名李坤泰,学名李淑宁,又名李一超,四川省宜宾县白花镇人,1926年进入宜宾市女子中学(现宜宾市二中)读书,同年加入中国共产党,是著名的民族抗日英雄。

珠河县处死"示众"。英勇的赵一曼慷慨赴刑场，临刑前，她向押送的警察要了纸笔，给儿子写了一封催人泪下的遗书："母亲对你没能尽到教育的责任，实在是遗憾的事情。母亲因为坚决地做了反满抗日的斗争，今天已经到了牺牲的前夕了。希望你，宁儿啊！赶快成人，来安慰你地下的母亲！在你长大成人之后，希望不要忘记你的母亲是为国而牺牲的！"

中国人民会永远牢记民族英雄赵一曼可歌可泣的抗日事迹。新中国成立后，朱德为赵一曼题写了"革命英雄赵一曼烈士永垂不朽"的题词，哈尔滨市将她战斗过的一条主街命名为一曼大街。

吉鸿昌，河南省扶沟县人，1895年生。1913年入冯玉祥部。因骁勇善战，屡立战功，从士兵递升至军长。他为人正直，不畏权势。"九一八事变"爆发，吉鸿昌坚决要求参加抗战，被蛮横拒绝，无奈含泪出国游历。期间，他心系祖国安危，沿途多次发表抗日演说，呼吁全中国人民在日本出兵侵占我国东北、国家处于生死危难之际，皆抱"宁为玉碎，不为瓦全"之决心，为生存而战，为公理而战，牺牲一切，坚决抗日，并呼吁国际社会声援中国人民。

1932年1月，日本侵略者又在上海发动进攻，挑起了"一·二八事变"。吉鸿昌闻讯，立即结束欧美之行，在上海"一·二八"抗战的炮声中，于2月底回到祖国。他当即联络与发动旧部，为抵抗日本侵略奔走呼号，并变卖家产六万多元购买枪械，组织抗日武装。1933年5月，在中共北方组织的领导与帮助下，以冯玉祥为总司令的抗日武装"察哈尔民众抗日同盟军"

在张家口建立,吉鸿昌任第二军军长、北路军前敌总指挥兼察哈尔警备司令,随即率部进攻察北日伪军,连克康保、宝昌、沽源、多伦四县,将日军驱出察境。蒋介石政府奉行"攘外必先安内"的政策,反诬抗日同盟军破坏国策,令何应钦指挥十六个师与日军夹击同盟军。吉鸿昌率部战至10月中旬弹尽粮绝而失败。

失败后,吉鸿昌潜往天津,继续从事抗日活动。先后与在天津的中共秘密党员联系,共同组织中国人民反法西斯大同盟,被推为大同盟中央委员会成员,秘密印刷《民族战旗》报,作为大同盟的机关刊物,宣传抗日。吉鸿昌的活动被国民党特务发现。1934年11月9日,吉鸿昌在天津法租界被军统特务暗杀受伤,遭法租界工部局逮捕,并引渡给北平军分会。敌人使出种种手段,迫害逼供。吉鸿昌大义凛然地说:"我为抗日而死,死得光明正大!"1934年11月24日,经蒋介石下令,被杀害于北平陆军监狱,时年三十九岁。临刑时,他写下了气吞山河的诗句:"恨不抗日死,留作今日羞。国破尚如此,我何惜此头!"

当代大学生有幸生活在和平年代,虽不会有血与火的考验,但承担着民族复兴的新的历史使命,一样光荣而艰巨。"人虽无艰难之时,却不可忘艰难之境;世虽有侥幸之事,断不可存侥幸之心。"[①] 同学们要向先贤、先烈们学习,继承他们的精神和遗志,自觉弘扬正气,抵制歪风邪气,塑造积极健康向上的崭新形象:理想远大,热爱祖国;追求真理,善于创新;德才兼备,全面发展;视野开阔,胸怀宽广;知行统一,脚踏实地。

---

① 〔清〕王永彬:《围炉夜话》,远方出版社,2007年。

第十讲

大 勇

经典摘录：

仁者必有勇，勇者不必有仁。(《论语·宪问第十四》)
慈故能勇，俭故能广。(《道德经》第六十七章)
见义不为，无勇也。(《论语·为政第二》)
天下有道，以道殉身；天下无道，以身殉道。(《孟子·尽心上》)

译文：

有爱心的人必有勇敢，而勇敢的人不一定有爱心。
慈祥才能生出勇敢，勤俭才能生出高远境界。
看到正义的事情不能匡扶，是没有勇气的表现。
天下如果有道，就要用道来完善自身；天下如果无道，就要为了正义而奋不顾身。

勇，一般指大胆，勇敢。但是中国儒家学者主张大勇，即道德之勇，反对小勇，亦即血气之勇。儒者之大勇有三个标准：发乎仁，适乎礼，止乎义。勇与仁的关系是，"仁者必有勇"，勇要以仁为基础，否则就会乱来了。"君子有勇而无义为乱，小人有勇而无义为盗"，都是在强调勇气不是一时冲动的"血气之勇"，而是见义勇为的"义理之勇"。例如，地痞流氓黑社会恐怖组织中，也有很多"勇敢"者，那些勇敢以残害生灵为目的，是不仁不义反道德的，不可称为勇。

子路是孔子弟子之一，以勇力闻名。一次子路问孔子怎么样才算是成人呢？孔子回答说："若臧武仲之知，公绰之不欲，卞庄子之勇，冉求之艺，文之以礼乐，亦可以为成人矣。"① 意思是说，仅有卞庄子刺虎之勇还不够，还需用礼乐加以修饰，要接受礼的节制，文明的规范。勇，必须不违反法律和道德。不然，"勇而无礼则乱"了。又有一次，子路问："君子尚勇乎？"孔子说："君子义以为上。君子有勇而无义为乱，小人有勇而无义为

---

① 《论语·宪问第十四》。

盗。"① 意思是说勇如果没有义的约束，对官吏、对百姓都有害而无益，何谈君子？

子路是孔子最喜爱的学生之一，也是孔子经常批评的对象，因为他经常勇气有余而仁智不足。孔子有一次对其他学生说，如果子路不能收敛他的血气之勇，将会因此而送命。后来果然子路在卫国的一次暴乱中被杀死，而且死得很惨。孔子得知后，悲痛万分，精神上受到了沉重打击，没过多久也去世了。

勇敢，是人的一种内在气质，是人格的一种力量，是人的一种美德。依据其表现有上勇、中勇、下勇之分，依据其性质有"狗彘之勇、贾盗之勇、小人之勇、君子之勇"之别。我们所需要的是"上勇""大勇""君子之勇"和"义理之勇"。儒家把"智仁勇"称为三达德，其中的"勇"就是一种大勇，仁义之勇。这样的勇是以爱为支撑的。我们常说有大爱的人，才有大勇，就是这个道理。勇敢的人可以为了正义事业而不惧强暴、不畏权势、不怕艰险、不顾利害、不计生死而一往无前。

春秋时期，东海勇士椒丘祈，剑眉虎目，膀大腰圆，武功盖世，力举千钧，左右闻名。一次，来吴国为朋友奔丧，途经淮津渡口，他的马被水怪吞噬，他一怒之下，跳入水中，与水怪大战，杀死了水怪，血染河水，出来时伤了一只眼睛。由此，椒丘祈更加名声大震，自以为是天下英雄。

在他朋友的丧席上，椒丘祈当着众多吴国大臣的面，表现出趾高气扬、不可一世的神气，不时谈起他与水怪搏斗的经历。酒

---

① 《论语·阳货第十七》。

席宴前有个名叫要离的人,身高不满五尺,尖嘴猴腮,手无缚鸡之力,但器宇不凡。

要离实在看不惯椒丘祈的神态,正色地对他说:"听说勇士者,与日战不移表、与神战不旋踵,宁死不受其辱。你与水神交战,没有追回马的性命,自己反而伤了眼睛,形残名辱,你还有何面目在众大夫面前沾沾自喜,大言不惭呢?"椒丘祈被说得哑口无言,当下含愧而出。

要离回到家,情知晚上椒丘祈必来报复,他告诉妻子:"夜间把所有的屋门、房门打开,若有人来,任其出入。"其妻子知道他的习性,照要离的话去做了。

果然,椒丘祈趁黑来到了要离家,见大小门都未关,不由大喜。径直来到要离的床前,将剑架在要离的脖子上,并得意地说:"你真是该死!知道为什么吗?"要离镇静自若地说:"不知道。""那你听着,我让你死个明白:第一,你明知道我是勇士,不该当着众人的面羞辱我;第二,你不该明知我来,而不关门,让我轻易就进来了;第三,你不该见我已来,还不躲避。所以说你有三该死。"

要离从容不迫地答:"等我把话说完,你再动手。""好,你说!"要离说道:"该死的不是我而是你。你也有三该死。我当众如此地羞辱你,你竟无一句答辩,还自命勇士,一该死;你入门不咳,登堂无声,有偷袭的嫌疑,鬼鬼祟祟,岂是勇士所为?二该死;你手持凶器,面目狰狞,用刀架在我脖子上,而我手无寸铁,你还大言不惭,证明你心虚,三该死。现在,你有何面目在我面前逞能?有何颜面立于天地之间?世界上有这样的勇士吗?"

椒丘䜣没料到世上还有如此勇气的人，仰天长叹一声，说道："你才是真正的勇士，我如果杀了你，岂不遭天下笑话？我如果不死，也要遭天下笑话。"说完，椒丘䜣自杀于要离床前。

故事中，椒丘䜣够厉害了吧，但只可算是小勇，相比之下，要离即使算不上大勇，也可以说是中勇。可见勇敢不见得就是表现在外表上，而是内心的强大。

《水浒传》第十二回有个"汴京城杨志卖刀"的故事。杨志在京城中花光了钱，衣食无着，只好拿着祖传的宝刀到市上去卖。没想到遇上了无赖牛二。牛二横行霸道，无人敢惹。他看中了杨志的宝刀，又不想出钱买，便无理纠缠起来。他问杨志，为什么叫宝刀？杨志告诉他，这把刀砍铜剁铁，刀口不卷，吹毛即断，杀人刀上没血。牛二不信，杨志便当场试验。先是剁一摞铜钱，从上到下一劈两半；又拿一把头发，对着刀口一吹，头发都断成两截，纷纷飘落。

牛二还要看刀不沾血，杨志说可以找条狗来试。喝得半醉的牛二，存心要赖杨志的宝刀，非要杨志杀人试试不可，并向杨志叫道："你要是条好汉子，就剁我一刀。"还动手打杨志。杨志见牛二欺人太甚，盛怒之下，一时性起，朝他嗓子眼上捅了一刀，把他捅倒，又赶上去，往胸上连捅几刀，把牛二杀死。

结果杨志被打入死囚牢中，多亏众人相救，才免一死，后被发配到大名府充军。杨志怒杀牛二，可谓痛快矣，但这只是发泄情绪的血气之勇，是不足取的。

西汉的开国功臣韩信，遇事则表现出"义理之勇"的风范。

《史记·淮阴侯列传》中讲了一个"胯下之辱"的故事。韩信年轻时,家里很穷,到处流浪。一天,韩信在市上逛,被一个屠夫的儿子瞧见了。这小子看韩信贫寒的样子,就存心欺侮人。他来到韩信面前挑衅地说:"你这么大的个子,腰里还挎刀挂剑的,有多大能耐?我看你是表壮里虚,胆子还没兔子大!"这时很多人都围上来看热闹。于是他更来劲了,指手画脚地冲韩信说:"你有本事,不怕死,就用你那宝剑把我杀了;若没这个胆量,你就从我胯下钻过去!"说着,叉开腿,叉着腰,露出一副无赖相。韩信细看到这一切,摇了摇头,叹口气,就伏下身子,从他的胯下爬过去了。围观的人哄堂大笑,有人甚至骂韩信是胆小鬼。那个屠户的儿子洋洋得意。

后来,韩信受到刘邦重用,拜为大将军,统兵北上。在和赵王的决战中,韩信大智大勇,以几万兵力打败了赵王的二十万人马,灭了赵国。接着又平服了燕、齐,与刘邦合兵一处,消灭项羽于垓下。韩信先被封为齐王,又被封为楚王。路过家乡时,韩信派人把那个屠户的儿子找来,那小子吓得魂不附体,以为非死不可。韩信不但没杀他,还给了他一个小官做,并对部下说:"我不但现在可以杀这个人,当年也可以杀死他。但我想,杀了他我就要给他偿命,怎么建立大丈夫的功业呢?不能因小失大。"

在这两个故事里,真正勇敢的不是杨志,而是韩信。或者说,杨志是"莽夫之勇",或曰"匹夫之勇";韩信若算不上儒家意义上的"义理之勇",也可称得上是"大智大勇"。苏东坡说得好:"匹夫见辱,拔剑而起,挺身而斗,此不足为勇也。天下有大勇者,猝然临之而不惊,无故加之而不怒。"[1]

在我国古代传统的道德伦理文化中,经常把"勇"和"义"连在一起,境界更高了一层。在这方面,古代先哲们有许多精辟论述。《论语·为政》篇云:"见义不为,无勇也。"《左传》云:"率义之谓勇。"[2]《吕氏春秋》云:"所贵勇者,为其行义也。"[3]西汉哲学家、文学家扬雄说:"勇于义而果于德。"[4] 这些论述告诉我们:只有从正义生发出来的勇气才是真正的勇敢,才是道德之勇。否则就会像孔子所说的那样:君子只有勇而没有义,就是暴徒;小人只有勇而没有义,就是强盗。有一些人把鲁莽蛮干、盲目冒险、强梁霸道、凶残逞强视之为勇。如果说,这是一种勇的话,那它顶多是"血气之勇",或者说是莽夫之勇。

以上故事还告诉我们:勇既然有"血气之勇"与"义理之勇"之分,那么我们提倡勇敢,就是要倡"义理之勇"而戒"血气之勇"。血气之勇不可有,义理之勇不可无。平时易鲁莽行事者,应努力把"血气之勇"转化为"义理之勇"。

培养自己的勇敢精神,必须善于克制自己。一个人向邪恶做斗争固然需要勇气,而向自己的缺点错误进攻则更需要勇气。南宋理学家杨时说:"赴汤火,蹈白刃,武夫之勇可能也;克己自胜,非君子之大勇不可能也。"勇于正视自己的过失,勇于承认

---

[1] 〔北宋〕苏轼:《留侯论》。原文:"古之所谓豪杰之士者,必有过人之节,人情有所不能忍者。匹夫见辱,拔剑而起,挺身而斗,此不足为勇也。天下有大勇者,卒然临之而不惊,无故加之而不怒,此其所挟持者甚大,而其志甚远也。"
[2] 《左传·哀公十六年》。
[3] 《吕氏春秋·仲冬纪·当务》。
[4] 〔汉〕扬雄:《法言·渊骞卷第十一》。

和改正自己的错误，是勇敢精神的一种表现。老子说："善为士者不武，善战者不怒。"① 善于作将帅的人不靠勇气，善于作战的人不靠强悍，善于战胜敌人的人不和敌人对阵。这是因为用兵的人精通战略战术，会用智谋，以奇用兵，不战而屈人之兵，所以用不着死拼，也不必赤膊上阵，逞强斗狠。

一个人只有心地光明，才能驱除心灵中黑暗角落里的胆怯。一个人只有心底无私，才能具有大无畏的精神。才能在敌人面前毫不畏惧，英勇斗敌；在艰险面前，披荆斩棘，勇往直前；在陈腐势力面前，不信邪恶，仗义执言，敢于宣战，勇于革新。

现在影视片中许多经常宣传的所谓"勇士"，多是狂怒、暴力和血腥者，或者浑身肌肉，善于肉搏者；或是满脸凶相，好勇斗狠，草菅人命者。其实，这些在儒家看远不是勇，至多算是小勇。真正的勇是敢于坚持真理，敢于维护正义而与恶势力斗争，见义勇为。这样的勇是道德境界的提升，有爱的滋养，有无穷的力量。

因此，勇气是诚，是正直；勇气是执着；勇气是"知耻近乎勇"的自省；勇气是"亮剑"的信心。如果不合道义，做亏心事，就是看到小孩也会害怕；如果合于道义，正义在手，即使面对千军万马，也绝不退缩。令人遗憾的是，当今不少青少年仍然不能很好地理解勇敢的意义。许许多多的青少年犯罪事件都是在所谓的"勇敢"激励下造成的。例如，为朋友"报仇"去打群架；尝试各种惊心动魄的个人冒险行为；为了为女朋友出气、赢

---

① 《老子》第六十八章。

得面子，故意蛮横凶暴，好勇斗狠等。我们的教育工作者多年来也没有很好地研究什么是真正的勇敢，经常用"不怕牺牲"代替勇敢，以致好多人以为"不怕死"就是勇敢。更有现在的影视作品，低级趣味，色情与暴力被大肆渲染，误导了我们的年轻人。

第十一讲

忠 恕

经典摘录:
尽己之谓忠,推己之谓恕。(南宋朱熹《论语集注》)
己欲立而立人,己欲达而达人。(《论语·雍也第六》)
己所不欲,勿施于人。(《论语·颜渊第十二》《论语·卫灵公第十五》)
忠恕违道不远,施诸己而不愿,亦勿施于人。(《中庸》)

译文:
尽到自己的良心就是忠,把这种心推己及人就叫做恕。
有仁德的人,自己想建树的也帮助别人建树,自己想要做到的也帮助别人做到。
自己不想要的,不要施加于别人。
能做到忠恕也就离道不远了,自己不愿意的事情,也不施加在别人身上。

"忠"是心无二心、意无二意的意思；"恕"是了己了人、明始明终的意思。忠恕是中国儒家伦理范畴中处理人与人之间关系的原则。"忠"，尽力为人谋，"中"人之"心"，故为忠；"恕"，推己及人，"如"人之"心"，故为恕。最早将忠恕联系起来的是中国春秋时代的曾参。

　　曾子在解释孔子"吾道一以贯之"时说："夫子之道，忠恕而已矣。"① "忠恕"，是以待自己的态度对待他人。后来，孔门的弟子以忠恕作为贯通孔子学说的核心内容，是"仁"的具体运用，成为儒家处理人际关系的基本原则之一。

　　忠恕是孔子待人的基本原则，是一个问题的两个方面。忠是从积极的方面说，也就是孔子在《雍也》篇里所说的："己欲立而立人，己欲达而达人。"意思是说，自己想有所作为，也尽心尽力地让别人有所作为，自己想进步通达，也尽心尽力地让别人进步通达。这其实也就是人们通常所理解的待人忠心的意思。恕是从消极的方面说，也就是孔子在《卫灵公》篇里回答子贡"有一言而可以终身行之者乎？"的问题时所说的"其恕乎！己所不

---

① 《论语·里仁第四》。

欲，勿施于人"，自己不愿意的事，不要强加给别人。总起来说，忠恕之道就是人们常说的将心比己，推己及人。

人心都是肉长的，自己想这样，也要想到人家也想这样；自己不想那样，也要想到人家也不想那样。我们今天在中小学生中开展"心中有他人"的活动，从某种意义上说，正是推行的忠恕之道。推而广之，所谓"让世界充满爱"，也是忠恕之道的体现。

修己严，待人宽，是"忠恕"之道的要义。无论是修己，还是待人，都要有一个客观标准，这个标准就是"礼"。就是要通过广泛地学习而明礼，进而用礼来约束和规范自己的思想和行为。一方面，"礼"的实行离不开人的真情实感；另一方面，人的行为是不是"仁"，要以"礼"来衡量和规范。所以孔子说："克己复礼为仁"[①]，就是说人要克服自己的私心，使言语和行动都合乎"礼"的要求，这就是"仁"。

"克己"是讲自身的修养，"复礼"是讲自己与他人、与社会的关系。只有"克己复礼"，才能"天下归仁焉"。孔门师徒把孔子的仁学思想归纳为"一以贯之"的"忠恕"之道，指出了人类社会人与人相处的基本道德准则。

西方的基督教伦理学有"金律"之说："你们要别人怎样待你们，就要怎样待别人"，或"凡你们愿意别人给你们做的，你们也要照样给别人做"；而他们把中国的忠恕之道叫做银律，"己所不欲，勿施于人"这一口号成为穿越时空的普世伦理，赫然挂在联合国总部的大厅里。

[①]《论语·颜渊第十二》。

我们曾经把"忠"认为是愚忠,用来批评封建社会一些士大夫对皇帝的忠诚。实际上,"忠"并不是忠于外在的东西,不是人也不是物,而是忠于自己的心,忠于自己心中的道德良知。对人要忠心,对事业要忠诚。三国时期的关羽受到后人的高度赞美是因为他忠于兄弟之情,"岳母刺字精忠报国"之所以能传下来就是因为岳飞忠诚自己的国家。

八百多年以前,河南省汤阴县岳家庄的一户农民家里,生了一个小男孩。他的父母准备给孩子起名字的时候,恰好一群大雁从空中飞过,父母高兴地说:"好,就叫岳飞,岳鹏举。愿吾儿像这群大雁,飞得又高又远。"这名字就定下来了。岳飞出生不久,黄河决口,滚滚的黄河水把岳家冲得一贫如洗,生活十分艰难。岳飞虽然从小家境贫寒,食不果腹,但他受母亲的严教,性格倔强,为人刚直。

岳飞十五六岁时,北方的金人南侵,宋朝当权者腐败无能,节节败退,国家处在生死存亡的关头。一天,岳母把岳飞叫到跟前,说:"现在国难当头,你有什么打算?""到前线杀敌,精忠报国!"

岳母听了儿子的回答,十分满意,决定把这四个字刺在儿子的背上(宋代有纹身习俗),让他永远记着这一誓言。岳飞解开上衣,请母亲下针。岳母问:"你怕痛吗?"岳飞说:"小小钢针算不了什么,如果连针都怕,怎么去前线打仗!"岳母先在岳飞背上写了字,然后用绣花针刺了起来。刺完之后,岳母又涂上醋墨。从此,"精忠报国"四个字就永不褪色地留在了岳飞的后背上。后来,岳飞奔赴前线,英勇杀敌,立下赫赫战功,成为一名抗金名将、民族英雄。他的爱国精神和赤胆忠心也流传至今。

"恕"就是我们常说的将心比心、换位思考，胸怀宽广，有博爱的情怀。"忠"和"恕"对于我们今天构建和谐社会，推动建设和谐世界乃至保护人类生态环境仍然具有重要的意义。我国社会主义核心价值中规定了一些基本的道德规范，有社会公德："文明礼貌、助人为乐、爱护公物、保护环境、遵纪守法。"有职业道德："爱岗敬业、诚实守信、办事公道、服务群众、奉献社会。"有家庭美德："尊老爱幼、男女平等、夫妻和睦、勤俭持家、邻里团结。"这些内容涵盖了人与人、人与社会、人与自然之间的关系。在人与人之间关系的层面上，体现为举止文明、尊重他人；在人与社会之间关系的层面上，体现为爱护公物、维护公共秩序；在人与自然之间关系的层面上，体现为热爱自然、保护环境。这其中，就渗透着传统的"忠恕"思想。

德国哲学家康德在其著作《论永久和平》中写道："只有当我们把一步一步地逐渐建立起国际法视为自己的义务和正当的希望时，永久和平才不至于停留在纯粹的理想上。"在康德逝世整整两百年后，实现人类的永久和平仍然遥遥无期。相反，在二十世纪人类却发生了惨绝人寰的两次世界大战。两次世界大战之后，世界陷入东西方两大阵营的冷战之中。在苏联和东欧发生巨变之后，西方有学者认为这是"历史的终结"，自此之后将是普及"西方自由民主制"的欢欣而和谐的"一个世界"。

但是，旋即又有学者提出了世界性的"文明冲突"论。在当今"全球化"的时代，人类如何能够避免文明的冲突，逐步走向人类的永久和平？面对这个严峻而又宏远的问题，康德的话并没有完全过时,即我们需要"一步一步地逐渐建立起国际法"。但"国际法"如何正当地建立起来?各个国家和民族应如何承担"国际法"的义务?似乎这两个国际问题的答案仍潜存在人类处理人际关系的基本道德准则之中,即"己所不欲,勿施于人"和"己欲立而立人,己欲达而达人"。

在二十世纪五十年代的冷战氛围中,中国、印度和缅甸的政府领导人提出了"和平共处"五项基本原则,即"互相尊重主权和领土完整,互不侵犯,互不干涉内政,平等互利,和平共处"。这五项原则是当时的中国总理周恩来首先倡导的,其中内蕴的基本道德理念就是"忠恕"思想①。目前中国政府的"一带一路"战略中提出的"利益共同体""责任共同体"和"命运共同体"也是"忠恕"思想的进一步发展和升华。

要做到"忠恕",首先,要学会体谅他人,心胸宽阔;其次,要学会感恩,感谢父母的养育之恩,感谢大地赐予我们的一切;复次,要有一颗博爱的心,爱护大自然的一草一木;再次,要忠诚于心中的道德法则。

"静坐常思己过,闲谈莫论人非。"② "律己宜带秋风,处世须带春风。"③ 这都是忠恕的至理名言。俗话说,"要想得到别人的尊重,首先要尊重别人","送人玫瑰手有余香"。应该好好去体悟一下忠恕之道。

---

① 参见网站:百度百科·忠恕。
② 〔清〕金缨:《格言联璧》,山西古籍出版社,1999年。
③ 〔清〕张潮:《幽梦影》,远方出版社,2006年。

第十二讲

仁 义

经典摘录：
　　博爱之谓仁，行而宜之之谓义。（唐韩愈《原道》）
　　文王行仁义而王天下。（《韩非子·五蠹》）
　　仁，人之安宅也；义，人之正路也。（《孟子·离娄上》）
　　恻隐之心，仁之端也；羞恶之心，义之端也。（《孟子·公孙丑上》）
　　仁义而已矣，何必曰利。（《孟子·梁惠王上》）

译文：
　　对全人类无私的爱叫做仁，行为恰当中礼叫做义。
　　文王帅仁义之师而成为天下之王。
　　仁就像是平安温暖的房子；义就像是广阔平坦的大路。
　　恻隐之心是仁的萌芽，羞恶之心是义的萌芽。
　　有仁义就够了，何必谈利。

《礼记·曲礼上》载:"道德仁义,非礼不成。"意思是说,仁是施恩及物,义是裁断合宜。《礼记·丧服四制》说:"恩者仁也,理者义也,节者礼也,权者知也,仁义礼知,人道具矣。"

用今天的话说,仁就是爱,义就是适宜。仁义连起来就是仁爱和正义、宽惠和正直。周文王之所以能王天下,就是因为他率领的是仁义之师,进行的是救民于水火的正义战争,这就是我们常说的"仁者无敌"。孟子把仁比作是宽敞明亮的房子,义是宽阔的正路。住在宽敞的房子里,走在金光大道上,何乐而不为?国君行仁义,就会受到百姓的拥护;君子行仁义,就会光明正大,堂堂正正,感受到生命的真正意义。所以在"义"和"利"之间发生冲突,需要做出取舍的时候,当然是"义以为上"了。

中国儒家将"智仁勇"称为"三达德",又将"仁义礼"组成一个系统,"仁者人(爱人)也,亲亲为大;义者宜也,尊贤为大;亲亲之杀,尊贤之等,礼所生焉"[1]。仁以爱为核心,义以尊贤为核心,礼就是仁和义的具体体现。"仁义礼智信"为儒家"五常",孔子提出"仁、义、礼",孟子延伸为"仁、义、

---

[1]《礼记·中庸》。

礼、智"，董仲舒扩充为"仁、义、礼、智、信"，后称"五常"。这"五常"贯穿于中华伦理的发展中，成为中国价值体系中的核心因素。

我国道德传统一向是珍重和崇拜生命的，但在仁义和生命发生冲突的时候，就会"舍生取义"，"杀身成仁"，义无反顾，这就是自强不息的民族精神，代代相传。三国时期那么多的武将，为什么只有关羽受到后人的祭拜呢？就是因为在关羽的身上充分体现了"仁义"的品质，他为了自己的承诺和兄弟之情，不为威胁利诱所动，不为金钱厚禄所屈，不见异思迁，知恩必报，大义凛然。这比起那些为了金钱而无所不为、为了升官发财而骨肉相残的人，不知要高出多少倍。在我国历史上关于仁义的故事数不胜数。

《战国策》中有这么一个故事："冯谖客孟尝君"。讲的是战国时期齐国的孟尝君好士，门下有食客数千人，这些门客按照能力和资历的不同分为三等，上等叫代舍，中等叫幸舍，下等叫传舍。不同的等级享受不同的待遇。冯谖刚来，衣衫褴褛，又是新客，就被安置在下等传舍中。冯谖似乎不满，于是弹剑唱道："长铗归来乎，食无鱼。长铗归来乎，出无车。长铗归来乎，无以为家。"孟尝君听后，认为这个人可能有非凡的才能，就把它派到了上等的代舍。此后冯谖食有鱼，出有车，他的母亲也得到了孟尝君的照顾。

有一天，孟尝君出了个通告，询问府里的宾客："有谁熟悉算账理财，能够替我到薛地去收债？"冯谖在通告上写道："我能。"于是孟尝君派冯谖去收债。辞行的时候，冯谖问道："债款全部收齐，用它买些什么东西回来呢？"孟尝君说："看我家里缺少什么东西，就买什么。"冯谖赶着马车到了薛城，派出官吏召集那些应当还债的百姓都来核对借约。借约核对完了，冯谖假传孟尝君的命令，把借款赐给百姓，烧掉借约，百姓齐声欢呼万岁。

冯谖赶回齐国都城，一清早就要求进见孟尝君。孟尝君奇怪他回来这么快，便穿戴好衣帽接见他，问道："债款全收齐了吗？怎么回来的这么快呀？"冯谖回答说："收齐了。"孟尝君又问："用它买了些什么回来呢？"冯谖说："您说家里缺什么就买什么，我考虑您府里已经堆满了珍宝，好狗好马挤满了牲口棚，堂下也站满了美女。您府里缺少的东西要算'义'了，因此我替您买了'义'。"孟尝君问："买义怎么个买法？"冯谖说："如今您只有一块小小的薛地，却不能抚育爱护那里的百姓，反用商贾的手段向百姓取利息，我私自假传您的命令把借约烧了，百姓齐声欢呼万岁，这就是我给您买的'义'啊。"孟尝君皱了皱眉头，无可奈何地说："好吧，先生算了罢！"

过了一年，齐湣王罢免了孟尝君相国的官位，孟尝君只好回到封邑薛城去住。走到离薛城还有一百里的地方，百姓扶老携幼，在大路上迎接孟尝君。孟尝君非常感慨，回头对冯谖说："先生替我田文（孟尝君名叫田文）买的义，竟在今天看到了。"

仁义不像钱或物那样看得见摸得着，因此孟尝君一开始对冯谖买仁义非常不高兴。当孟尝君被齐王贬黜回到薛城时才认识到，昔日失去的都加倍得到了回报。仁义和利益究竟哪个轻哪个重，可想而知。正所谓"仁人必得其利"。

仁义是善举,是真诚,往往表现为一种宽容和大度。三国时期的蜀国,在诸葛亮去世后任用蒋琬主持朝政。他的属下有个叫杨戏,性格孤僻,讷于言语。蒋琬与他说话,他也是只应不答。有人看不惯,在蒋琬面前嘀咕说:"杨戏这人对您如此怠慢,太不像话了!"蒋琬坦然一笑,说:"人嘛,都有各自的脾气秉性。让杨戏当面说赞扬我的话,那可不是他的本性;让他当着众人的面说我的不是,他会觉得我下不来台。所以,他只好不做声了。其实,这正是他为人的可贵之处。"后来,有人赞蒋琬"宰相肚里能撑船"。

明朝年间,山东济阳人董笃行在京城做官。一天,他接到家信,说家里盖房为地基而与邻居发生争吵,希望他能出面解决此事。董笃行看后马上修书一封,写道:"千里捎书只为墙,不禁使我笑断肠;你仁我义结近邻,让出两尺又何妨。"家人读后,觉得董笃行有道理,便主动在建房时让出几尺。而邻居见董家如此,也有所感悟,同样效法。结果两家共让出八尺宽的地方,房子盖成后,就有了一条胡同,世称"仁义胡同"。

市场经济注重效益,"时间就是金钱",容易使人们产生金钱至上的思想。有许多人被利诱冲昏了头脑,做出诸多令人作呕的事情,比如,有替人考试当枪手的,有为了争父母的遗产兄弟姊妹反目成仇的,有为了金钱让自己的孩子行乞的,有高官因腐败而坐牢的等,这些都是见利而忘义的典型。

作为大学生,头脑要时刻保持清醒,心中常存"仁义"二字,绝不能给钱就去做,有奶便是娘。君子爱财,取之有道,做任何事情的唯一标准是"义",不符合仁义的事,就算是金山银山也不能动摇,正所谓"君子喻于义,小人喻于利"①。下面讲一个较长的故事,大家可以慢慢回味。

春秋时期,晋国的国君晋献公因听信谗言,乱杀无辜,逼死了太子申生,国内大乱,群公子受到追杀而出奔。公子重耳逃到翟国,公子夷吾逃到梁国。不久献公薨,朝内又乱,自相残杀。有人送信给公子重耳,要他回去主丧并即位。重耳想:国家动乱,父亲刚逝,乘乱得国,不仁不义。况且各派余党未除,安危难测。于是回复使臣说:"重耳得罪于父,逃命四方,生既不得尽人子之孝,死又不得尽哭位之礼,怎敢乘乱而贪国。"

公子夷吾在梁国,日夜盼望国中有变故,乘机求入。得知父亲献公已薨,重耳又不愿和他争国,以手加额说:"天夺国于重耳,以授我也!"不觉喜形于色。似乎急不可待要回国。手下谋士说:"国内混乱,余党林立。为了安全起见,必须借强国之力帮助。晋国的邻国中,秦国最强,何不先派人求救于秦国,然后入国才有保障。"夷吾用其言。

秦穆公夫人,是晋献公之女,太子申生的同胞姐姐,也是重耳、夷吾的同父异母姊妹。秦穆公问左相蹇叔:"晋国内乱,寡人不能坐视不管,听说重耳和夷吾都是贤公子,寡人该支持谁呢?"蹇叔说:"何不先派人打探一下,以观两位公子的为人?"穆公说:"对。"于是派公子絷先去翟国见重耳,后去梁国见夷吾。

公子絷至翟见到重耳,转达了秦君的问候,并建议重耳趁此机会回国继位,秦国会助一臂之力。重耳觉得刚拒绝了内使,现

---

① 《论语·里仁第四》。

在又凭借外宠而求入，不太光彩，就说："亡人无宝，仁亲为宝，父亲刚死，哀痛还没有过去，怎敢有他志？"说完跪地大哭。公子絷见状，心知其贤，叹息而去。

秦国的公子絷又来到梁国，见到公子夷吾，也以"乘时图入"相劝。夷吾喜出望外，说："秦国若能帮助我回国即位，什么条件都可答应。"还没等公子絷说什么，夷吾迫不及待地说："如果你们秦国能帮助我入主社稷，愿事成之后，割让河外五座城相报。"又送公子絷黄金美玉之类，乞望能在秦穆公前为他美言。

公子絷回到秦国，向秦穆公备述了二公子之状。穆公认为重耳的才德远远超过夷吾，准备纳重耳。公子絷进言："晋国是我们的邻国，晋国一旦贤公子执政强大起来，对我国并无好处，反而构成威胁。依臣之见，不如纳夷吾，况且他还许诺我们河外五城呢。"穆公说："对，你不提醒我差点糊涂了，就纳夷吾。"

夷吾在秦国的协助下，回国即位，是为晋惠公。惠公即位后，舍不得割城，开始后悔曾经许过的诺言。有奸臣进言说："君当时答应割让土地，是因为没有得国，现在您是一国之君，不给他又奈何？"当秦国派使臣来索取河外五城时，惠公命人辞曰："寡人开始以五城许君，今赖贵国帮助有幸得以守社稷。本想履行承诺，怎奈大臣不同意，说，'土地乃先祖的土地，君出亡在外，怎可擅自许他人？'寡人没办法，敬请谅解。"秦穆公听后大怒："我就知道夷吾不是个好东西，现在果然被此贼所欺。"

晋惠公即位第五年，遇到了天灾，全国大旱，粮仓空虚，便派人去秦国借粮。穆公犹豫不决，汇集群臣商议。有的建议："晋侯无道，全无信义，今天降灾祸，乘此机会征伐，可以灭掉晋国。"蹇叔、百里奚两大夫同声说:"天灾流行,哪国没有呢,救灾恤邻,是常理,应该救济。"繇余也说:"仁者不乘危以邀利,智者不侥幸以成功,救人之难比较妥当。"穆公感叹:"晋君负我,与晋国百姓无关,我不能坐视邻国人民挨饿。"于是派船只运粮食数万吨给晋国,史称"泛舟之役"。晋国人民无不感恩欢喜。

凑巧的是,第二年秦国年荒,晋国反而大丰收,秦穆公也派人去晋国请求救济。不料晋惠公不但不与接济,知恩不报,反而想乘机灭掉秦国,还扬言:"想要粮食,除非以兵来取。"有个忠臣叫庆郑谏曰:"幸人之灾,不仁;背人之施,不义。不仁不义,何以守国?"惠公不听。使臣回复穆公说:"晋国不与秦粟,反而兴师伐秦。"穆公大怒,说:"晋惠公之无道,竟然如此过分。寡人将先打破梁国,再灭掉晋国。"

一场大战就这样爆发了。这就是历史上有名的秦晋龙门山大战,惠公君臣都做了俘虏。史臣有诗讥讽晋惠公:"泛舟远道赈饥穷,偏遇秦饥意不同。自古负恩人不少,无如晋惠负秦公。"[1]

这个故事《史记》有记载,孰仁孰义,读者自去甄别。后来,晋惠公失国。重耳流亡十九年之后返国,成为晋文公。晋文公选贤任能,励精图治,赏罚分明,晋国大治,终成春秋五霸之一。史臣诗云:"重耳忧亲为丧亲,夷吾利国喜津津。但看受吊相悬处,成败分明定两人。"[2]

---

[1] 〔明〕冯梦龙:《东周列国志》,华夏出版社,2013年,第三十回。
[2] 同上书,第二十八回。

第十三讲

礼 乐

经典摘录：

礼者，人道之极也。（《荀子·礼论》）

不学礼，无以立。（《论语·季氏第十六》）

夫礼，人道之准，世教之主。（《李觏集》）

乐者，天地之和也；礼者，天地之序也。（《礼记·乐记》）

兴于诗，立于礼，成于乐。（《论语·泰伯第八》）

译文：

所谓礼，是人伦道德的极致。

人如果不学礼，无法立身于天地之间。

礼是道德的准绳，教育的核心。

音乐，反映天地之祥和；礼仪，反映天地之有序。

诗使人振奋，礼使人在社会上站得住脚，音乐使人完备。

作为文明古国，我国素以"礼乐文化"著称。礼乐教化通行天下，使人修身养性，体悟天道，谦和有礼，威仪有序，这是我国古代"礼乐文化"的内涵和意义，也是圣人制礼作乐的本意。《礼记·乐记》中说："乐者，天地之和也；礼者，天地之序也。和故百物皆化，序故群物皆别。"礼是天之经，地之义，是天地间最重要的秩序和仪则；乐是天地间的美妙声音，是道德的彰显，礼序乾坤，乐和天地。"大乐与天地同和，大礼与天地同节。"①

西周开国之初，周公制礼作乐，奠定了中国传统文化的基调。这套制度之所以为后世所称道，因为它是以道德为核心而建立起来的，由此确立了道德在治国理念中的主导地位，在中国历史上产生了极为深远的影响。到了春秋时期，世道大乱，史称"礼崩乐坏"。贵族们为了权和利，彼此征战不息，有"春秋无义战"的说法。孔子特别推崇周公，他说："甚矣，吾衰也！久矣，吾不复梦见周公。"② 他感叹自己的年衰，居然许久没有梦见周

---

① 《礼记·乐记》。
② 《论语·述而第七》。

公了。孔子之所以崇拜周公，是因为他认为周公首创的那套制度是文明和完美的，他说："周监于二代，郁郁乎文哉！吾从周。"① 意思是说，周礼是在借鉴了夏、商两代为政得失的基础上制定的，典制粲然大备，足以为万世龟鉴。

中国儒家思想认为，礼是宇宙之道在人类社会中的体现，天道生生不息，而且有规律地运行。天之大德曰生，故人要有仁心；天有物有则，故人要讲理、懂礼。礼乐和仁德是不可分割的。仁德是礼乐的内容，礼乐是体现仁德的具体形式。离开了仁德，礼乐就不成其为礼乐，成了虚伪的形式。孔子说："人而不仁，如礼何？人而不仁，如乐何？"② 一个没有仁爱之心的人，即使外表彬彬有礼，也是虚伪作秀，或别有用心。同样，仅有仁心而不懂礼节，就会使道德无法落实，流于空洞和神秘，成为非礼之仁。因此，礼与仁是互为依存，相辅相成的。

每个人的性格都有特点，无论是哪种性格的人，如果不借助于礼，都达不到理想的境界。孔子说："恭而无礼则劳，慎而无礼则葸，勇而无礼则乱，直而无礼则绞。"③ 意思是说，恭敬而不懂得礼的人，就会空自劳碌；谨慎而不懂得礼的人，就会显得胆小；勇敢而不懂得礼的人，就会胡来；直率而不懂得礼的人，就会出语伤人。平心而论，恭、慎、勇、直这四种性格都是很好的品质，但只要离开了"礼"的指引，都不会结出"正果"。

据《论语·宪问》记载，子路问孔子，什么样的人才是完美

---

① 《论语·八佾第三》。
② 同上。
③ 《论语·泰伯第八》。

的人？孔子在回答时，提到了臧武仲、公绰、卞庄子三位鲁国的大夫，以及自己的学生冉求。臧武仲有智慧，公绰没有私欲，卞庄子勇敢，冉求有学问，都是很出色的。但是，孔子说，要成为完美的人，仅仅把这四个人的优点集于一身是不够的，还要"文之以礼乐"，将礼乐与上述四种优点结合，才算完美。可见，礼乐是多么最重要。

在现实社会中，有一种人热衷请客送礼，擅长拉拢关系，貌似很懂礼仪，内心却毫无诚意。把礼仪当作哗众取宠的手段，或者通过礼仪这种形式而达到不可告人的目的。如此发展下去，轻者成为伪君子，重者沦为行贿受贿，腐败堕落。对个人和社会都会产生不良影响。更糟糕的是让人误以为是传统"礼"的问题，从而以为"礼"是一套虚伪的繁文缛节和装饰品。曾经有人把儒家之"礼"斥为吃人的礼教，很大程度上是出于这个理由。究其根本，是忽略了"礼"的内容是"仁"。换言之，离开了"仁"的"礼"是没有任何意义的。

还有一种人，心地善良，待人诚实，就是不懂礼仪，在现实生活中往往引起人家误会，甚至常常好心办成了坏事。其原因是忽略了"礼"是"仁"的外在表现。如果只知道仁，而不知礼，就会失去仁的本质，出现"非礼之仁"。换言之，只有善良意志，而不知礼仪法度，不但善良意志不能实现，而且这种"善良意志"本身也会变质。比如，有些官员玩忽职守，贪赃枉法，却"时而赐米帛以为哀人之困"就属于非礼之仁。父母对孩子过分溺爱也属于这一类。再比如，有一位年轻的老师，对学生很有爱心，且工作认真负责。师生亲密无间，甚至与学生以兄弟姐妹相称。长期下去，问题就来了：开始没大没小，后来嬉笑怒骂，严重者出现不正当的师生关系，教师威信陡降而不自知。究其根本原因，是不懂师生之礼。

君臣、父子、夫妇、长幼、男女、朋友之间，都有不同的礼节，甚至视听言动也有礼的约束，所谓"非礼勿视，非礼勿听，非礼勿言，非礼勿动"①。可以说礼渗透在生活的方方面面。司马迁说："礼由外入，乐自内出。故君子不可须臾离礼，须臾离礼则暴慢之行穷外；不可以须臾离乐，须臾离乐则奸邪之行穷内。"②

然而，礼并非生而知之，必须通过学习才能获得，所以孔子、荀子反复强调学礼的重要性。我们经常说要学会做人，做什么人呢？就是做既有爱心又知书达理的人。在人类社会中，如果人人都放纵自己的行为，那么，人就和禽兽没有了区别，社会也就没有了起码的秩序。所以说："不学礼，无以立。"③

不知礼、不懂礼、不讲礼，不但有失文明，而且直接与一个人的荣辱祸福联系在一起。那些因失礼而酿成杀身之祸的例子不胜枚举。

春秋时期的宋国，有个叫南宫长万的人，武艺高强，膂力过人，能力举千斤，也是个孝子。可是在一次战争中因中计被鲁国俘虏。后来鲁宋言好，南宫长万被放归宋国。宋闵公开玩笑说："本来寡人很敬重你，可是你吃了败仗，做了鲁国囚徒，丢人现

---

① 《论语·颜渊第十二》。
② 〔汉〕司马迁：《史记·礼书》，中华书局，2006年。
③ 《论语·季氏第十六》。

眼，寡人无法再敬重你了。"南宫长万满面羞惭而退。大夫仇牧私下劝说闵公："君臣之间，以礼相交，不可戏言。戏则不敬，不敬则慢，慢而无礼，将生悖逆，主公以后要谨慎啊！"闵公不以为然，说："孤与南宫长万经常开玩笑，没关系的，你不必担心。"

周庄王十五年（前682），庄王驾崩。讣告传到宋国。当时宋闵公与宫人正在游玩，让南宫长万掷戟为戏。原来长万有一绝活，能把戟抛向空中，高数丈，然后用手接住，百不失一。宫人都想开开眼，所以闵公召长万同游。南宫长万奉命耍弄了一回，大家拍手称贺，夸奖不已。闵公微微有些妒忌，命人取博局与长万打赌，输者，罚一大杯酒。这赌戏却是闵公的长处。长万连输五局，罚酒五斗，已醉到八九分了。心中不服，还要再赌，闵公笑着说："你是常败将军，怎么能赢得了寡人？"长万心怀惭忿，默默无语。正在这时，有人报告："周王有使命到。"闵公问其来意，是告周庄王新丧，更立新王的事情。闵公说："这是大事，我国应该派使臣去吊贺。"南宫长万在旁边说："臣还没去过王都城，愿奉使前往。"闵公笑着说："难道宋国没有人了吗，总不至于派囚徒去吧。"宫中太监和侍女们都哈哈大笑。

南宫长万曾是宋国名将，此时面颊发赤，恼羞成怒，乘着酒醉，一时性起，不顾君臣之分，大骂："无道昏君，你知道囚徒可以杀人吗？"闵公也大怒："贼囚，怎敢无礼！"一边骂一边抢长万的戟，要刺长万。长万拿起赌博用具，把闵公打倒，紧跟一拳上去，闵公呜呼哀哉，当场死于南宫长万的拳头下。

宋闵公即位共十年，只因一句戏言，遂遭杀身之祸。当然，南宫长万，一员虎将，一时糊涂，犯下弑君之罪，也没得到好下场。这就是无礼惹下的祸患，可不慎哉？

下面再说说乐。乐就是指音乐，我国古代把音乐和道德联系在一起，"礼乐相需为用，非乐不行，乐非礼不举"①。"达于礼而不达于乐，谓之素；达于乐而不达于礼，谓之偏。"② 孔子说："移风易俗，莫善于乐。"③ 认为好的音乐可以陶冶情操，移风易俗，改善民风，如《韶》《武》之乐；坏的音乐可以败坏民风，甚至亡国，如《郑》《卫》之音。

我国现行的教育方针是德、智、体、美全面发展，其中"美"就包含着对音乐的鉴赏，可惜很多学校都没有很好地贯彻执行。目前社会上各种媒体纷纷披露社会道德滑坡、青少年价值观混乱等现象，可是有没有人追问一下我们的礼乐教育如何？学生对音乐有多少鉴赏力？相当多的影视娱乐节目，音乐低俗杂沓、歌词庸俗、声音歇斯底里，能不影响青少年的身心健康吗？一个民族，如果大多数人不能欣赏高雅、古典的艺术，只是喜欢低俗媚俗的东西，注定文明得不到提高。如果市场上充斥着坏的音乐和艺术，后果会更加堪忧。

讲一个关于音乐的故事，听起来有点像神话，可是史书上确有记载。

话说春秋时期，卫灵公将去晋国访问。一天行至晋国附近的濮水之上，天色已晚，宿于驿舍。灵公夜半听到鼓琴的声音，于

---

① 出自南宋史学家郑樵的《通志·乐府总序》。
② 《孔子家语·论礼》。
③ 《孝经·广要道章》。

是披衣起坐，侧耳倾听。声音微弱，似乎以前从未听过。问身边左右的人，都说："没听见。"灵公爱好音乐，每次出行总是把乐师师涓带在身边。灵公命人把师涓叫来，说："我刚才听到鼓琴的声音，像鬼神，你试着听听，试着为寡人写下来。"师涓静静听力一会儿，说："我也听见了，再让我呆一晚上，我就能写下来。"第二天晚上，声音复发，师涓端坐援琴，边听边记了下来。

到了晋国，朝贺礼毕，晋平公在施惠台上设宴招待。酒过三巡，晋平公说："听说贵国有位乐师，叫师涓，今天来了么？"卫灵公说："来了，在台下。"平公说："请他上来。"灵公召师涓登台，平公也把晋国的乐师，名叫师旷，也召到了台上。两位乐师叩首参谒。平公赐坐，命两位乐师坐在一起。平公问师涓："近来有没有编作新的乐曲？"师涓奏曰："途中正好听到一曲，我演奏给您听。"平公命左右人设几，取来一把古桐琴放在师涓面前。师涓将七弦调好，拂指而弹。刚弹奏了几声，平公连连称善。

快弹到一半的时候，旁边的师旷突然按住琴，说："停，不要弹了，这是亡国之音。"晋平公问："为什么这么说？"师旷奏曰："商朝末年，有位乐师，名叫师延，为纣王演奏靡靡之音，纣王听而忘倦，就是这个乐曲。到周武王伐纣之时，师延抱琴投于濮水中。有爱好音乐人的路过此地，声音就会从水面发出来。师涓刚才说是途中听到的，那一定在濮水之上。"卫灵公在一旁暗暗惊异。晋平公又问："这是前代音乐，现在演奏有什么关系呢？"师旷回答："商纣王因为听了淫乐而亡国，这种音乐叫不祥之音，因此，最好不听。"平公说："寡人一生就喜欢听新的音乐，师涓，请继续为寡人弹奏。"

师涓重振弦声，备显抑扬之态，如泣如诉。平公非常开心，问师旷："有没有比这个更悲伤的音乐？"师旷说："有。"晋平公说："你可不可以弹奏一曲？"师旷说："不可。古时候只有德义的君主才听，当今君王德薄，不适合听此曲。"平公执意要听，师旷不得已，援琴而弹。声音刚起，就飞来十六只玄鹤。再奏，这些鹤引颈长鸣，翩翩起舞。

平公高兴地起身鼓掌，满座生欢，台上台下听众个个称奇。平公又问："还有没有更悲伤的？"师旷说："有，当年黄帝大合鬼神于泰山，驾象车而御蛟龙，风伯清尘，雨师洒道，虎狼前驱，螣蛇伏地，作乐名为《清角》。从此以后，历代君德日薄，不足以服鬼神，此曲失传已久。臣不敢弹奏，但恐有祸无福。"平公说："寡人老了，一生最爱音乐，能听一次《清角》，就算死了也不后悔。"师旷没法推辞，只得弹奏。刚奏一曲，乌云密布，再奏，狂风大作，飞沙走石，闪电雷鸣，大雨如注。顷刻台下水深数尺。众人惊散，晋平公和卫灵公也吓坏了，被人扶下台去。自此晋国连续三年，多灾多难。

移风易俗，莫善于乐，"夫乐者，感人情。乐正则心正，乐淫则心淫也"①。这个故事流传了几千年，《史记》里有记述，可能有虚构甚至迷信的成分，但足可提醒我们：在公民道德建设和道德教育过程中，切不可忽略音乐的作用，因为一个人对音乐的欣赏水平与他的道德水准关系密切。好的音乐有利于和谐社会建设，坏的音乐必然败坏社会风气。

---

① 《孝经·广要道章》郑注。

第二部分 经典选读

经、史、子、集四部分类法,是中国传统文化的产物,适用于传统文化典籍。今天,仍是我们熟悉古籍、进而了解传统文化的一把钥匙。经部收录儒家"十三经"及相关著作,包括易类、书类、诗类、礼类、春秋类、孝经类、五经总义类、四书类、乐类、小学类十个大类。十三经是指在南宋形成的十三部儒家经典。分别是《诗经》《尚书》《周礼》《仪礼》《礼记》《周易》《左传》《公羊传》《谷梁传》《论语》《尔雅》《孝经》《孟子》。"五四"以后,我国借鉴西方的图书分类法,按现代学科体系进行图书分类。

之所以称为经典,是因为这些文字内涵丰富,深入浅出,百读不厌,回味无穷,有永久的生命力。

第十四讲

《尚书》《诗经》选读

一

曰若稽古帝尧，曰放勋。钦明文思安安，允恭克让，光被四表，格于上下。克明俊德，以亲九族。九族既睦，平章百姓。百姓昭明，协和万邦。黎民于变时雍。

本段文字出自"六经"之一《尚书》中的《尧典》，赞扬了帝尧的品德与功勋。尧的品格就是儒家的理想品格。其中的文句常被儒家经典所引用。"协和医院"的名称便出自这里。

二

（一）五行：一曰水，二曰火，三曰木，四曰金，五曰土。水曰润下，火曰炎上，木曰曲直，金曰从革，土爰稼穑。润下作咸，炎上作苦，曲直作酸，从革作辛，稼穑作甘。

（二）五事：一曰貌，二曰言，三曰视，四曰听，五曰思。貌曰恭，言曰从，视曰明，听曰聪，思曰睿。恭作肃，从作乂，明作哲，聪作谋，睿作圣。

本段文字选自《尚书》中的《洪范》，洪范意指天地间的大法则。其中的"五行"思想是对五行说的最早记录。五行在战国时演变为一种思维图式，后逐渐扩展到中国文化的各个部分中。文章中的"五事"成为儒家思想的重要内涵。

三

文王在上，于昭于天。周虽旧邦，其命维新。有周丕显，帝命不时。文王陟降，在帝左右。

亹亹文王，令闻不已。陈锡哉周，侯文王孙子。文王孙子，本支百世，凡周之士，丕显亦世。

世之丕显，厥犹翼翼。思皇多士，生此王国。王国克生，维周之桢；济济多士，文王以宁。

穆穆文王，于缉熙敬止。假哉天命，有商孙子。商之孙子，其丽不亿。上帝既命，侯于周服。

侯服于周，天命靡常。殷士肤敏。祼将于京。厥作祼将，常服黼冔。王之荩臣。无念尔祖。

无念尔祖，聿修厥德。永言配命，自求多福。殷之未丧师，克配上帝。宜鉴于殷，骏命不易！

命之不易，无遏尔躬。宣昭义问，有虞殷自天。上天之载，无声无臭。仪刑文王，万邦作孚。

这篇诗是《诗经·大雅·文王之什》的首篇《文王》，歌颂周王朝的奠基者文王姬昌。朱熹《〈诗〉集传》据《吕氏春秋·古乐》篇为此诗解题曰："周人追述文王之德，明国家所以受命而代殷者，皆由于此，以戒成王。"这指明此诗创作在西周初年，作者是周公。后世说《诗》，多从此说。余培林《〈诗经〉正诂》说："观诗中文字，恳切叮咛，谆谆告诫……故其说是也。至此诗之旨，四字可以尽之，曰：'敬天法祖。'"可谓简明得当。

之所以选这首是因为儒家的创始人都从此诗得到启发，在儒家经典中常常可以看到这首诗的诗句被引用。因此，常常回味这首诗有助于理解孔孟学说。

四

天生烝民，有物有则；民之秉彝，好是懿德。

此诗选自《诗经·大雅·荡之什·烝民》的前四句，后文赞美周宣王任贤使能，取得周室中兴。这四句，被孔子称为"知道之诗"，被孟子引用以论证性善说。

五

维天之命，於穆不已！於乎不显，文王之德之纯！假以溢我，我其收之。骏惠我文王，曾孙笃之。

此诗选自《诗经·周颂·清庙之什·维天之命》，是周公祭祀文王的诗。前四句讲文王德配天命，被《中庸》所引用并发挥。后四句讲文王德被子孙。

第十五讲

《中庸》选读

天命之谓性，率性之谓道，修道之谓教。

道也者，不可须臾离也，可离非道也。是故君子戒慎乎其所不睹，恐惧乎其所不闻。莫见乎隐，莫显乎微。故君子慎其独也。

喜怒哀乐之未发，谓之中；发而皆中节，谓之和。中也者，天下之大本也；和也者，天下之达道也。致中和，天地位焉，万物育焉。

仲尼曰："君子中庸，小人反中庸。君子之中庸也，君子而时中。小人之中庸也，小人而无忌惮也。"

子曰："中庸其至矣乎！民鲜能久矣！"

子曰："道之不行也，我知之矣，知者过之，愚者不及也。道之不明也，我知之矣：贤者过之，不肖者不及也。人莫不饮食也，鲜能知味也。"

子曰："舜其大知也与！舜好问而好察迩言，隐恶而扬善，执其两端，用其中于民。其斯以为舜乎！"

子曰："人皆曰：'予知。'驱而纳诸罟擭陷阱之中，而莫之知辟也。人皆曰：'予知。'择乎中庸，而不能期月守也。"

子曰："回之为人也，择乎中庸，得一善，则拳拳服膺而弗失之矣。"

子曰："天下国家可均也，爵禄可辞也，白刃可蹈也，中庸不可能也。"

子路问强。子曰："南方之强与？北方之强与？抑而强与？宽柔以教，不报无道，南方之强也，君子居之。衽金革，死而不厌，北方之强也，而强者居之。故君子和而不流，强哉矫！中立而不倚，强哉矫！国有道，不变塞焉，强哉矫！国无道，至死不变，强哉矫！"

子曰："素隐行怪，后世有述焉，吾弗为之矣。君子遵道而行，半途而废，吾弗能已矣。君子依乎中庸，遁世不见知而不悔，唯圣者能之。"

君子之道费而隐。夫妇之愚，可以与知焉，及其至也，虽圣人亦有所不知焉。夫妇之不肖，可以能行焉，及其至也，虽圣人亦有所不能焉。天地之大也，人犹有所憾。故君子语大，天下莫能载焉；语小，天下莫能破焉。《诗》云："鸢飞戾天，鱼跃于渊。"言其上下察也。君子之道，造端乎夫妇，及其至也，察乎天地。

子曰："道不远人。人之为道而远人，不可以为道。《诗》云：'伐柯伐柯，其则不远。'执柯以伐柯，睨而视之，犹以为远。故君子以人治人，改而止。忠恕违道不远，施诸己而不愿，亦勿施于人。君子之道四，丘未能一焉：所求乎子，以事父未能也；所求乎臣，以事君未能也；所求乎弟，以事兄未能也；所求乎朋友，先施之未能也。庸德之行，庸言之谨，有所不足，不敢不勉，有余不敢尽；言顾行，行顾言，君子胡不慥慥尔！"

君子素其位而行，不愿乎其外。素富贵，行乎富贵；素贫贱，行乎贫贱；素夷狄，行乎夷狄；素患难，行乎患难；君子无入而不自得焉。

在上位不陵下，在下位不援上，正己而不求于人则无怨。上不怨天，下不尤人。故君子居易以俟命，小人行险以徼幸。

……

大哉圣人之道！洋洋乎！发育万物，峻极于天。优优大哉！礼仪三百，威仪三千。待其人而后行。故曰苟不至德，至道不凝焉。故君子尊德性而道问学，致广大而尽精微，极高明而道中庸。温故而知新，敦厚以崇礼。是故居上不骄，为下不倍，国有道其言足以兴，国无道其默足以容。《诗》曰"既明且哲，以保其身"，其此之谓与！

……

仲尼祖述尧舜，宪章文武；上律天时，下袭水土。辟如天地之无不持载，无不覆帱，辟如四时之错行，如日月之代明。万物并育而不相害，道并行而不相悖，小德川流，大德敦化，此天地之所以为大也。

唯天下至圣，为能聪明睿知，足以有临也；宽裕温柔，足以有容也；发强刚毅，足以有执也；齐庄中正，足以有敬也；文理密察，足以有别也。溥博渊泉，而时出之。溥博如天，渊泉如渊。见而民莫不敬，言而民莫不信，行而民莫不说。是以声名洋溢乎中国，施及蛮貊；舟车所至，人力所通；天之所覆，地之所载，日月所照，霜露所队；凡有血气者，莫不尊亲，故曰配天。

唯天下至诚，为能经纶天下之大经，立天下之大本，知天地之化育。夫焉有所倚？肫肫其仁！渊渊其渊！浩浩其天！苟不固聪明圣知达天德者，其孰能知之？

……

本文是《中庸》的部分选段。宋代儒家学者认为，《中庸》是孔门传授的心法，是子思传述孔子之意而加以阐发的文本。文中论述了天道与人道，阐明了性、道、教的内涵及其相互关系。其中"中和""诚"的思想是儒家思想的核心。蔡元培先生说："《中庸》一篇，大抵本孔子实行道德之训，而以哲理疏解之，以求道德之起源。盖儒家言，至是而渐趋于究研学理之倾向矣。"[1]

---

[1] 蔡元培：《中国伦理学史》，东方出版社，1996年，第14页。

第十六讲

《大学》选读

一

大学之道,在明明德,在亲民,在止于至善。

知止而后有定,定而后能静,静而后能安,安而后能虑,虑而后能得。

物有本末,事有终始。知所先后,则近道矣。

古之欲明明德于天下者,先治其国。欲治其国者,先齐其家。欲齐其家者,先修其身。欲修其身者,先正其心。欲正其心者,先诚其意。欲诚其意者,先致其知;致知在格物。物格而后知至,知至而后意诚,意诚而后心正,心正而后身修,身修而后家齐,家齐而后国治,国治而后天下平。

自天子以至于庶人,壹是皆以修身为本。其本乱而末治者,否矣。其所厚者薄,而其所薄者厚,未之有也!

《康诰》曰:"克明德。"《太甲》曰:"顾諟天之明命。"《帝典》曰:"克明峻德。"皆自明也。汤之《盘铭》曰:"苟日新,日日新,又日新。"《康诰》曰:"作新民。"《诗》曰:"周虽旧邦,其命维新。"是故君子无所不用其极。

本文选自《大学》。《大学》被我国先哲们认为是孔门遗书,初学入德之门。与其说这是一篇理论深刻的文章，不如说是教人如何实践的文章。中国传统文化有个很重要的特点：就是道德本体。所谓道德本体，就是说，天道与人道相通，道德的基础就是明天道。换言之，人如果不能体悟天道是树立不起道德的根基的。而道德是实践的，其标准是生命本真的良知。这些在西方人和现代人听起来很不可思议，实际上，是很实在的学问。因为，道德实践在很大程度上取决于心，而不是取决于大脑的认识。比如，老人在路边摔倒，扶不扶呢？从良知出发，肯定毫不犹豫去扶；如果从大脑理性认识权衡，就可能犹豫不决，从而耽搁了救治。所以中国人讲良知并非神秘，而是实在的。研读《大学》会有很深的体会。

历代哲人、思想家都对《大学》作解读。其中朱熹的《四书集注》对《大学》作了当时非常全面的阐释，成为历代科举考试的必读教材。读者若感兴趣可以直接去看《四书集注》。

明代思想家王艮（1483—1540）"发明自得，不泥传注"，发挥了《大学》中的"正心、诚意、修身、齐家、治国、平天下"的思想，提出了"安身者，立天下之大本"，"止至善者，安身也"等观点，创立了著名的"泰州学派"。

二

天尊地卑，乾坤定矣。卑高以陈，贵贱位矣。动静有常，刚柔断矣。方以类聚，物以群分，吉凶生矣。在天成象，在地成形，变化见矣。是故刚柔相摩，八卦相荡，鼓之以雷霆，润之以风雨；日月运行，一寒一暑。乾道成男，坤道成女。乾知大始，坤作成物。乾以易知，坤以简能。易则易知，简则易从。易知则有亲，易从则有功。有亲则可久，有功则可大。可久则贤人之德，可大则贤人之业。易简，而天下之理得矣；天下之理得，而成位乎其中矣。

圣人设卦，观象系辞焉，而明吉凶。刚柔相推，而生变化。是故吉凶者，失得之象也；悔吝者，忧虞之象也。变化者，进退之象也；刚柔者，昼夜之象也。六爻之动，三极之道也。

是故君子所居而安者，《易》之序也；所乐而玩者，爻之辞也。是故君子居则观其象而玩其辞，动则观其变而玩其占。是以"自天祐之，吉无不利"。

……

《易》与天地准，故能弥纶天地之道。仰以观于天文，俯以察于地理，是故知幽明之故。原始反终，故知生死之说。精气为物，游魂为变，是故知鬼神之情状。与天地相似，故不违。知周乎万物，而道济天下，故不过。旁行而不流，乐天知命，故不忧。安土敦乎仁，故能爱。范围天地之化而不过，曲成万物而不遗，通乎昼夜之道而知，故神无方而《易》无体。

一阴一阳之谓道。继之者善也，成之者性也。仁者见之谓之仁，知者见之谓之知，百姓日用而不知，故君子之道鲜矣。

显诸仁，藏诸用，鼓万物而不与圣人同忧。盛德大业至矣哉！富有之谓大业，日新之谓盛德。生生之谓《易》，成象之谓乾，效法之谓坤，极数知来之谓占，通变之谓事，阴阳不测之谓神。

夫《易》广矣大矣！以言乎远则不御，以言乎迩则静而正，以言乎天地之间则备矣。夫乾，其静也专，其动也直，是以大生焉。夫坤，其静也翕，其动也辟，是以广生焉。广大配天地，变通配四时，阴阳之义配日月，易简之善配至德。

　　这段文字是《易传》中《系辞》的一部分，论述周易的深奥含义，文中充满了哲学智慧和辩证法思想。文字生动凝练，奠定了华夏汉语的基本风格。此文与《中庸》被认为是儒家本体论的经典著作。后来的儒学大师，如二程、朱熹、王阳明等多从此文中阐释义理，并直接引用原文。德国哲学家黑格尔当年评论孔子，说孔子只不过是个民间道德智者，哲学的思辨一点都没有，算不上是个哲学家。如果他看到《中庸》和这篇文章，估计会改变看法。

　　我们大段载出，目的是让读者理解儒家道德本体论的特质，与西方宇宙本体论形成鲜明对比。只要理解了这篇文章，就能更好地、更容易地理解《论语》《孟子》以及后续儒家经典，否则总以为孔孟是在说教，而不是说哲学。

　　对于满篇到处是注释的文章我本人极为厌恶，且不说注解者是否正确，即使正确也会常常泥于文字而暗于义理，劳神而无所得，最后只得放弃。因此，不做注释，是为了让读者自己去领悟和体会。毕竟汉语是象形文字，且几千年来变化不是很大，再说，还可查古汉语词典。当代人，宁可查英文词典也不愿查汉语词典，良可叹也。

　　如果说中华文化博大精深，这篇文章就是明显的代表。如果说有志于探求真理的人，能花时间去啃难懂英文，或康德、黑格尔的大部头著作，更应该花时间和精力去研读这篇文章。

第十八讲

《易传·象辞》《西铭》选读

一

大哉，乾元！万物资始，乃统天。云行雨施，品物流行；大明终始，六位时成；时乘六龙以御天。乾道变化，各正性命。保合大和，乃利贞。首出庶物，万国咸宁。

天行健，君子以自强不息。

至哉，坤元！万物资生，乃顺承天；坤厚载物，德合无疆；含弘光大，品物咸亨。牝马地类，行地无疆，顺柔利贞。

地势坤，君子以厚德载物。

本段文选自《易传》中乾坤两卦的《象辞》，据说是孔子所作。文字凝练，内涵丰富，对后世哲学、文学产生了极大的影响。可以说是中华民族精神的思想源头。清华大学的校训"自强不息，厚德载物"就出自这里。

二

乾称父，坤称母。予兹藐焉，乃混然中处。故天地之塞，吾其体。天地之帅，吾其性。民吾同胞，物吾与也。大君者，吾父母宗子，其大臣，宗子之家相也。尊高年，所以长其长。慈孤弱，所以幼其幼。圣其合德，贤其秀也。凡天下疲癃残疾，茕独鳏寡，皆吾兄弟之颠连而无告者也。于时保之，子之翼也。乐且不忧，纯乎孝者也。违曰悖德，害仁曰贼。济恶者不才，其践形唯肖者也。知化则善述其事，穷神则善继其志。不愧屋漏为无忝，存心养性为匪懈。恶旨酒，崇伯子之顾养。育英才，颍封人之赐类。不弛劳而厎豫，舜其功也。无所逃而待烹，申生其恭也。体其受而归全者，参乎！勇于从而顺令者，伯奇也！富贵福泽，将厚吾之生也。贫贱忧戚，庸玉汝于成也。存，吾顺事；没，吾宁也。

  本文是张载（字横渠，1020—1077，北宋六儒之一）著名的《西铭》，原名《订顽》，为《正蒙·乾称篇》中的一部分。作者张载曾将其录于学堂双牖的右侧，题为《订顽》，将篇中的另一部分录于左侧，题为《砭愚》。后程颐将《订顽》改称为《西铭》，《砭愚》改称为《东铭》。至朱熹又将《西铭》从《正蒙·乾称篇》中分出，加以注解，成为独立的篇章，向来被视为张载的代表著作，宋代儒学复兴的宣言书。

第十九讲

《大学问》选读

问曰:"《大学》者,昔儒以为大人之学矣。敢问大人之学何以在于明明德乎?"

阳明子答曰:"大人者,以天地万物为一体者也。其视天下犹一家,中国犹一人焉。若夫间形骸而分尔我者,小人矣。大人之能以天地万物为一体也,非意之也,其心之仁本若是,其与天地万物而为一也,岂惟大人,虽小人之心亦莫不然,彼顾自小之耳。是故见孺子之入井,而必有怵惕恻隐之心焉,是其仁之与孺子而为一体也。孺子犹同类者也,见鸟兽之哀鸣觳觫,而必有不忍之心,是其仁之与鸟兽而为一体也。鸟兽犹有知觉者也,见草木之摧折而必有悯恤之心焉,是其仁之与草木而为一体也。草木犹有生意者也,见瓦石之毁坏而必有顾惜之心焉,是其仁之与瓦石而为一体也。是其一体之仁也,虽小人之心亦必有之。是乃根于天命之性,而自然灵昭不昧者也,是故谓之'明德'。小人之心既已分隔隘陋矣,而其一体之仁犹能不昧若此者,是其未动于欲,而未蔽于私之时也。及其动于欲,蔽于私,而利害相攻,忿怒相激,则将戕物圮类,无所不为其甚,至有骨肉相残者,而一体之仁亡矣。是故苟无私欲之蔽,则虽小人之心,而其一体之仁犹大人也;一有私欲之蔽,则虽大人之心,而其分隔隘陋犹小人矣。故夫为大人之学者，亦惟去其私欲之蔽，以明其明德，复其天地万物一体之本然而已耳。非能于本体之外，而有所增益之也。"

问曰："然则何以在'亲民'乎？"

答曰："明明德者，立其天地万物一体之体也；亲民者，达其天地万物一体之用也。故明明德必在于亲民，而亲民乃所以明其明德也。是故亲吾之父，以及人之父，以及天下人之父，而后吾之仁实与吾之父、人之父与天下人之父而为一体矣。实与之为一体，而后孝之明德始明矣！亲吾之兄，以及人之兄，以及天下人之兄，而后吾之仁实与吾之兄、人之兄与天下人之兄而为一体矣。实与之为一体，而后悌之明德始明矣！君臣也，夫妇也，朋友也，以至于山川鬼神鸟兽草木也，莫不实有以亲之，以达吾一体之仁，然后吾之明德始无不明，而真能以天地万物为一体矣。夫是之谓明明德于天下，是之谓家齐国治而天下平，是之谓尽性。"

问曰："然则又乌在其为'止至善'乎？"

答曰："至善者，明德、亲民之极则也。天命之性，粹然至善，其灵昭不昧者，此其至善之发见，是乃明德之本体，而即所谓良知也。至善之发见，是而是焉，非而非焉，轻重厚薄，随感随应，变动不居，而亦莫不自有天然之中，是乃民彝物则之极，而不容少有议拟增损于其间也。少有拟议增损于其间，则是私意小智，而非至善之谓矣。自非慎独之至，惟精惟一者，其孰能与于此乎？后之人惟其不知至善之在吾心，而用其私智以揣摸测度于其外，以为事事物物各有定理也，是以昧其是非之则，支离决裂,人欲肆而天理亡,明德亲民之学遂大乱于天下。盖昔之人固有欲明其明德者矣,然惟不知止于至善,而骛其私心于过高,是以失之虚罔空寂,而无有乎家国天下之施,则二氏之流是矣。固有欲亲其民者矣,然惟不知止于至善,而溺其私心于卑琐,是以失之权谋智术,而无有乎仁爱恻怛之诚,则五伯功利之徒是矣。是皆不知止于至善之过也。故止至善之于明德、亲民也,犹之规矩之于方圆也,尺度之于长短也,权衡之于轻重也。故方圆而不止于规矩,爽其则矣;长短而不止于尺度,乖其剂矣;轻重而不止于权衡,失其准矣;明明德、亲民而不止于至善,亡其本矣。故止于至善以亲民,而明其明德,是之谓大人之学。"

问曰:"'知止而后有定,定而后能静,静而后能安,安而后能虑,虑而后能得',其说何也?"

答曰:"人惟不知至善之在吾心,而求之于其外,以为事事物物皆有定理也,而求至善于事事物物之中,是以支离决裂,错杂纷纭,而莫知有一定之向。今焉既知至善之在吾心,而不假于外求,则志有定向,而无支离决裂、错杂纷纭之患矣。无支离决裂、错杂纷纭之患,则心不妄动而能静矣。心不妄动而能静,则其日用之间,从容闲暇而能安矣。能安,则凡一念之发,一事之感,其为至善乎?其非至善乎?吾心之良知自有以详审精察之,而能虑矣。能虑则择之无不精,处之无不当,而至善于是乎可得矣。"

以上是明代思想家王阳明的《大学问》的一部分。

王阳明(1472—1529),字伯安,汉族,浙江绍兴府余姚县(今宁波余姚)人,是我国明代著名的哲学家、思想家、政治家和军事家。王阳明在二十岁时步入仕途,历任刑部主事、贵州龙场驿丞、庐陵知县、右佥都御史、南赣巡抚、两广总督等职,晚年官至南京兵部尚书、都察院左都御史。五十四岁时,王阳明辞官回乡讲学,创建书院,宣讲"王学"。嘉靖七年(1529),王阳明病逝于江西南安府,谥号文成,后又追封为新建侯。王阳明(心学集大成者)与孔子(儒学创始人)、孟子(儒学集大成者)、朱熹(理学集大成者)并称为孔、孟、朱、王。他的学说思想王学(阳明学),是明代影响最大的哲学思想,传至日本、朝鲜半岛以及东南亚。他的著作,后人编辑为《王文成公全书》,其中《传习录》《大学问》是重要的哲学著作。

《大学问》是对《大学》的解读,由其弟子钱德洪记录并保存下来。其中的解读和阐释与朱熹的有所不同,一个属于理学,一个属于心学。直接阅读王阳明的《大学问》,可以直接了解《大学》的基本思想,并承接《孟子》,理解中国哲学"天人合一"的境界。

我们把这篇文章选出并放到最后,可以让读者认识到儒家思想"一以贯之"的特点,"天下同归而殊途,一致而百虑"[1],东圣西圣,心通理同。

---

[1]《易经·系辞下》。

第三部分 中国古代故事六则

中华文化绵延几千年,历史故事层出不穷。中国文化中文史哲不分家,经和史说的都是同一个道,文以载道,很多学问都来自历史的总结。因而,历史故事是人生道理的另一种阐述方式。

以下六个故事是我国古代优秀历史故事和传说,引人入胜,回味无穷。在挑选的过程中加入了编者自己的爱好和价值取向。凡是现代读者费解的地方都作了改动,也进行了润色,但尽量保持了原来的语言和风格。因为,原文比现代白话文更加生动、凝练、准确,只要读者看得懂,无需翻成现代白话文。

第二十讲

高山流水[①]

[①] 选自〔明〕冯梦龙:《警世通言》,上海古籍出版社,1998年,第一卷。

恩德相结者，谓之知己；腹心相照者，谓之知心；声气相投者，谓之知音。知音说与知音听，不是知音不与谈。

春秋时期的晋国，有位上大夫，姓俞名瑞，字伯牙，祖籍是楚国郢都人。奉晋主之命，来楚国修聘（友好访问）。俞伯牙讨这个差使，一来是觉得自己大才不辱君命，二来多年未回家乡，就便可以省视故里，一举两得。当时俞伯牙从陆路到达郢都，朝见了楚王，转达了晋主好意。楚王设宴款待，十分相敬。公事已毕，拜辞了楚王。楚王赠送黄金、彩缎、高车驷马。

伯牙离开楚国已经十二年，想尽情观览一下故国江山胜地，准备从水路迂回返回。于是假奏楚王道："臣不幸有犬马之疾（身体不舒服），不胜车马奔驰，望大王借臣船只，以便路上调养。"楚王准奏，命令水师调拨两只大船，一正一副，护送晋国来使。正船坐着俞伯牙，副船安顿仆从和行李。两只船都是兰桡画桨，锦帐高帆，十分整齐。群臣一直送到江边而别。

俞伯牙是个风流才子，一路上江山胜迹，正投其怀。张一片风帆，凌千层碧浪，看不尽遥山叠翠，数不完远水澄清。不几日，来到汉阳江口。正值八月十五中秋之夜，忽然风狂浪涌，大雨如注，舟楫不能前进，只好停泊在一处山崖下。不多时，风平浪静,雨止云开,天空出现一轮明月。

雨后明月,其光倍常。伯牙在船舱中独坐无聊,命童子焚起香炉,"待我抚琴一曲,以舒情怀"。童子焚好香,捧琴囊放于案上。伯牙开囊取琴,调和琴弦,弹出一曲。曲还未终,指下"啪"的一声,琴弦断了一根。

伯牙大吃一惊,叫童子去问船头:"这船所停之处是什么地方?"船头回答:"我们也不晓得什么地方,为避风雨,停泊在这山脚下,周围是些草木,并无人家。"伯牙心想:"既是荒山了,为何琴声忽变,以至于断弦呢?一定有人偷听我弹琴。可这荒山下哪里有人?哦,说不定附近有刺客或盗贼,深夜等候,登舟劫财。"叫左右:"附近可能有人,你们上崖搜检一番,不在柳荫深处,定在芦苇丛中。"

几个人领命,正要搭跳上崖,忽听崖上有人应答:"舟中大人,不必见疑。小子并非奸盗之流,我是一名樵夫。因打柴归晚,又碰上狂风骤雨,只好潜身崖畔。闻君雅操,少住听琴。"伯牙大笑,说:"山中打柴的人也敢说'听琴'二字!未必是真话,我也不计较了,你们叫他走吧!"那人不去,在崖上高声说道:"大人此言谬矣!岂不闻'十室之邑,必有忠信','门内有君子,门外君子至'?大人若欺负山野中没有听琴之人,这夜深人静荒崖下也不该有抚琴之客了!"伯牙见此人出言不俗,或许真是个听琴的。走近舱门回嗔作喜,问:"崖上那位君子,既然站立多时在听琴,可知道我刚才弹的是什么曲子?"那人回答道:"方才大人所弹,乃是《孔仲尼叹颜回》,谱入琴声,其词云:'可惜颜回命早亡,教人思想鬓如霜。只因陋巷箪瓢乐',到这一句就断了琴弦,下一句应该是:'留得贤名万古扬。'"

伯牙问言大喜,说:"先生果非俗士,隔岸遥远,难以说话。"命左右人:"撑杆,搭扶手,请那位先生登舟细讲。"

在众人帮助下,那人上了船。果然是个樵夫。头戴斗笠,身披草衣,手持尖担,腰插板斧,脚踏芒鞋。手下人见是个樵夫,低眼相看,毫无礼貌,说道:"喂,那樵夫!下舱去,见我们老爷要叩头。问你什么,要小心回答,他可是个大官!"樵夫说:"列位不必粗鲁,待我解衣相见。"摘下斗笠,头上是青布包巾;脱了蓑衣,身着蓝布衫;搭膊拴腰。不慌不忙,将蓑衣、斗笠、尖担、板斧,安放于舱门外,脱下芒鞋,去掉泥水,重复穿上,步入舱来。

官舱内,公座上灯烛辉煌。樵夫长揖不跪,说道:"大人,施礼了。"俞伯牙是晋国大夫,眼里哪有布衣?下来还礼吧,恐怕失了官体;叱他回去吧,又不合适。没奈何,微微举手说:"免礼吧。"吩咐童子看座。童子取一张凳子放在下席。伯牙全无客礼,把嘴向樵夫一努,说:"你坐吧。"以你我相称,可见怠慢。

那樵夫也不谦让,俨然坐下。伯牙见他不告而坐,微有嗔怪之意。因此不问姓名,也不吩咐手下人上茶。两人默坐了一会儿,伯牙问:"刚才崖上听琴的就是你吗?"樵夫回答:"不敢当。"伯牙说:"我且问你,既然听琴,可知这琴的出处?此琴何人所造?弹它有什么好处?"

正在这时,船头来禀话:"风色顺了,月明如昼,可以开船了。"俞伯牙吩咐:"且慢。"樵夫说:"承大人下问,小子若讲话絮烦,恐怕耽搁您顺风行程。"伯牙笑道:"唯恐你不知琴理,你若讲得有理,就是不做官,也无所谓,耽搁行程又算什么?"樵夫说:"既然如此,小子方敢僭谈。此琴乃是伏羲氏所琢。见五星之精,飞坠梧桐,凤凰来仪。凤是百鸟之王,非竹实不食,非梧桐不栖,非醴泉不饮。伏羲知梧桐乃树中良才,夺造化之精气,堪为雅乐,令人采伐。取中一段扣之,其声清浊相济,轻重相兼。选良辰吉日,命高手匠人刘子奇制成乐器,取名瑶琴。原是五根琴弦,外按金木水火土,内按宫商角徵羽。尧舜时,操五弦琴,歌《南风》诗,天下大治。后来周文王添弦一根,清幽哀怨,谓之文弦。再后来,武王伐纣,再添弦一根,激烈高扬,谓之武弦。先是五弦,后加二弦,称谓文武七弦。此琴有六忌,七不弹,八绝。哪六忌?一忌大寒,二忌大暑,三忌大风,五忌迅雷,六忌大雪。何为七不弹?闻丧不弹,奏乐不弹,事冗不弹,不净身不弹,衣冠不整不弹,不焚香不弹,不遇知音不弹。何为八绝?清、奇、优、雅、悲、壮、悠、长。此琴弹到尽善尽美之处,啸虎听见而不吼,哀猿闻得而不啼。此乃雅乐。"

伯牙听他对答如流,已有三分敬意。不再你我相称了,又问:"圣门音乐之理,入微入妙,足下既知乐理,假如下官抚琴,心中有所思念,足下能闻而知之乎?"樵夫回答:"《诗》云:'他人有心,予忖度之。'大人试抚一曲,小子尽量猜度。若猜不着,大人也别怪罪。"

俞伯牙重整断弦,沉思片刻,其意在高山,抚琴一曲。樵夫赞道:"美哉!洋洋乎!大人之意在高山也。"伯牙没有回答,又凝神一会儿,继续弹奏,其意在于流水。樵夫又赞道:"美哉,汤汤乎！志在流水。"这两句正好道出了伯牙的心事。

伯牙大惊。推琴而起，与樵夫施宾主之礼，连呼："失敬，失敬！美玉藏于石中，若是以貌取人，岂不误了天下贤士？先生高名雅姓？"樵夫欠身回答："小子姓钟，名徽，贱字子期。"伯牙拱手说道："是钟子期先生。"子期转问："大人高姓，荣任何所？"伯牙道："下官俞瑞，在晋国做官，因修聘上国而来。"子期道："原来是伯牙大人。"伯牙推子期坐在客位，自己主席相陪，命童子点茶。茶罢，又命童子取酒共酌。童子移开瑶琴，二人入席共饮。

伯牙开言又问："听先生口音是楚国人了，但不知尊居何处？"子期道："离此不远，地名马安山集贤村，便是荒居。"伯牙点头道："好个集贤村！"又问："从事何种道艺？"子期回答："就是打柴为生。"伯牙微笑道："子期先生，下官也不该僭言，以先生这等抱负，何不求取功名，立身廊庙，垂名竹帛？若寄身于林泉，混迹樵牧，与草木同朽，窃为先生不取也。"子期答道："实不相瞒，家里上有年迈双亲，下无手足相辅，采樵度日，以尽父母余年，虽位列三公，不忍换取一日之养。"伯牙道："如此大孝，真是难得。"

二人酒杯酬酢了一会儿。子期宠辱不惊，伯牙更加爱重。又问子期青春多少，子期回答："虚度二十有七。"伯牙道："下官年长一旬，子期若不见弃，结为兄弟，不负知音契友。"子期笑道："大人差矣，大人乃上国名公，钟徽乃穷乡贱子，怎敢仰扳，有辱俯就。"伯牙道："相识满天下，知心能几人。下官碌碌风尘，得与高贤结契，实乃生平之万幸。若以富贵贫贱为嫌，觑俞瑞为何等人也！"遂命童子重添炉火，再热茗香，就船舱中与子期顶礼八拜。伯牙年长为兄，子期为弟。今后兄弟相称，生死不负。拜罢，取酒再酌。兄弟彼此谈心叙话。正是：合意客来，心不厌；知音人听，话偏长。

谈论正浓，不觉月淡星稀，东方渐白。船上水手都起身收拾篷索，准备开船。子期起身告辞。伯牙捧一杯酒递与子期，握着子期的手叹道："贤弟，我与你相见何太迟，相别何太早！"子期闻言，不觉泪珠滴于杯中，子期一饮而尽。斟酒回敬伯牙，二人眷恋不舍。伯牙说："愚兄余情不尽，想曲延贤弟同行数日，不知可否？"子期道："不是小弟不想，怎奈二亲年老，'父母在，不远游'。"伯牙道："既然二位尊人在堂，回去禀告二老，到晋阳来看望愚兄，也就'游必有方'了。"子期道："小弟不敢轻诺而寡信，万一二亲不允，使仁兄悬望于千里之外，小弟罪可就大了。"伯牙道："贤弟真可谓至诚君子。也好，明年还是我来看贤弟。"子期道："仁兄明年何时到此？小弟好伺候尊驾。"伯牙屈指说："昨夜是中秋节，今日天明是八月十六了。贤弟，我仍在中秋五、六日来，若过了八月中旬就是爽信了。"子期道："既如此，小弟来年中秋五、六日准在江边侍立恭候，不敢有误。天色已明，小弟告辞了。"

伯牙道："贤弟等等。"命童子取黄金十两，双手捧定，说："贤弟，些许薄礼，权为孝敬二位尊人甘旨之费，不可推辞。"子期不敢谦让，即时收下，再拜告别，含泪出舱。取尖担挑起蓑衣斗笠，插板斧于腰间，撑跳搭扶手上崖。伯牙直送到船头，洒泪而别。

伯牙点鼓开船，一路江山之胜，无心观览，心中只想着知音之人。又行了几日，舍舟登岸，换乘车马，直至晋阳，回复了晋主。

光阴迅速，过了秋冬，不觉春去夏来。伯牙心怀子期，想着中秋节近，奏过晋主，请假还乡。晋主依允。伯牙收拾行装，仍从水路而行。盼咐水手："但凡湾泊所在，就来通报地名。"

事有偶然，刚好八月十五夜，水手禀报，离马安山不远了。伯牙依稀还认得去年与子期相会之处。命水手将船停泊，水底抛锚。夜色清明，船舱内，一线月光射进朱帘。伯牙命童子将帘卷起，步出舱门，立于船头，仰观北斗。水底天心，万顷茫然，照如白昼。想想去年与知己相逢，雨止月明，今夜重来，又是良夜，心情激动。哎？约定江边相候，为什么全无踪影？

又等了一会儿，想到："江边来往船只颇多，我今天所驾的不是去年的船了，吾弟急切如何认得？去年我因弹琴惊动知音，今夜仍将瑶琴抚弄一曲，吾弟听到必来相见。"命童子取琴，安放船头，焚香设坐，开始弹奏。商弦中有哀怨之声，伯牙停止弹奏，心想："商弦哀声凄切，吾弟家里一定出事了。去年曾说父母年高，不是父丧，就是母亡。他为人孝顺，事有轻重，所以没来。明天，我要亲自上崖去探望。"

伯牙一夜没睡，真是巴明不明，盼晓不晓。看看月移帘影，日出山头，伯牙起来，梳妆整齐，命童子携琴相随，又取十两黄金带上，想着："倘若吾弟居丧，可为薄礼。"跳岸登崖，来到一条小路上。

约莫走了十数里，迎面走来一位老者，髯垂玉线，发挽银丝,左手举藤杖,右手携竹篮。伯牙起身整衣,向前施礼。那老者不慌不忙,轻轻放下竹篮,双手举藤杖还礼,说道:"先生有何见教?"伯牙问:"请问去集贤村怎么走?"老者回答:"前面不远处便是,老夫就是集贤村人。先生到集贤村必是访友,但不知先生所访至友姓甚名谁?"伯牙道:"要访钟子期。"老者闻言,放声大哭,说:"子期钟徽是我儿子,去年八月十五采樵晚归,遇到晋国大夫俞伯牙先生。讲论之间,意气相投,临行赠送黄金十两。吾儿买书攻读。白天采樵负重,晚上辛勤诵读,心力耗费,染成疾病,数月之间,已经亡故了。"

伯牙闻言,五内崩裂,泪如涌泉,大叫一声,昏厥在地。钟公用手搀扶,问小童:"这位先生是谁?"小童低声附耳说:"就是俞伯牙老爷。"钟公说:"原来是吾儿好友。"扶起伯牙,伯牙苏醒,坐在地上,口吐痰涎,双手锤胸,恸哭不已,说道:"贤弟啊,我昨夜泊舟,还说你爽信,哪知你已为泉下之鬼,有才无寿啊……"钟公拭泪相劝。

伯牙哭罢起来,重与钟公施礼,不敢呼老丈,称老伯。伯牙说:"老伯,令郎是停柩在家,还是出茔郊外?"钟公道:"一言难尽。亡儿临终遗言,'儿生前不能尽人子事亲之道,死后乞葬马安山江边,与晋大夫俞伯牙有约,不能食言。'老夫不忘亡儿临终之言,刚才先生来的小路右边,一丘新土,就是吾儿钟徽之冢。今天是百日之忌,老夫提一陌纸钱,往坟烧化,没想到与先生相遇。"伯牙说:"既如此,奉陪老伯,就坟前一拜。"

伯牙命童子代太公提了竹篮,钟公策杖引路,伯牙随后,小童跟定,复进谷口。果然见一丘新土。伯牙整衣下拜:"贤弟在世为人聪明，死后为神灵应。愚兄此一拜，诚永别了！"拜罢，放声又哭，惊动山前山后。伯牙命童子把瑶琴取来，放在石台上，盘膝坐在坟前，挥泪两行，抚琴一曲。伯牙诵云：

"忆昔去年春，江边曾会君。今日重来访，不见知音人。但见一抔土，惨然伤我心。伤心复伤心，不忍泪珠纷！来欢去何苦，江畔起愁云。子期子期兮，你我千金义，历尽天涯无足语。此曲终兮不复弹，三尺瑶琴为君死。"

诵罢，伯牙从衣夹内取出手刀，割断琴弦，向祭石台上用力一摔，摔得玉轸抛线，金徽凌乱。钟公大惊，问道："先生，为何摔碎此琴？"伯牙吟诵道："摔碎瑶琴凤尾寒，子期不在对谁弹！春风满面皆朋友，欲觅知音难上难。"

伯牙对钟公说："下官伤感在心，不敢随老伯登堂了。随身带得黄金十两，一半代令郎甘旨之奉，一半为令郎春秋扫墓之用。等下官回本朝时，上表告归林下，到时来迎接老伯与老伯母，同到寒家，以尽天年。我就是子期，子期就是我，老伯不可见外。"命小童取出黄金，亲手递与钟公，哭拜于地。钟公答拜，盘桓半晌而别。

后人有诗赞云：

势利交怀势利心，斯文谁复念知音。

伯牙不作钟期逝，千古令人说破琴。

第二十一讲

乘龙佳婿[①]

[①] 选自〔明〕冯梦龙：《东周列国志》，华夏出版社，2013年，第四十七回。

话说春秋时期，秦穆公晚年得一小女儿，喜出望外。出生时多方献礼庆贺，有人敬献一块璞玉，经匠人琢磨，变成一块碧绿色的美玉，光鲜照人。小女儿一周岁的时候，宫里的诸多玩具都不喜欢，唯独喜欢玩这块玉，弄之不舍，爱不释手。众人惊奇，父亲为此给女儿取名为弄玉。

弄玉年稍长，姿容绝世，聪明无比，且善于吹笙，没有老师教，却自成音调。秦穆公命能工巧匠将那块碧玉剖制成笙。弄玉吹之，声如凤鸣。穆公十分钟爱这个小女儿，专门建了一座楼阁让女儿居住，名曰"凤楼"。楼前建起一座高台，名曰"凤台"。

弄玉十五岁的时候，穆公开始考虑为女儿择找佳婿。弄玉发誓说："必须是善于吹笙且能与我唱和的人，才能做我的丈夫。否则不嫁。"穆公命人遍访各地，寻找善吹笙的人。

一天，弄玉在楼上卷帘闲看，但见天净云空，明月如镜。忽然起兴，吩咐丫鬟焚一炷香，拿起碧玉笙，临窗而吹，声音清越，响入天际。微风拂拂，恍若远处有个和声，其声若即若离，若远若近。弄玉十分惊讶，停下来静听，那个和声也停了下来，但却余音袅袅不断。弄玉临风怅然，若有所失，呆呆地靠在窗边。直到半夜月亮西斜，才将玉笙放在床头，勉强就寝。

睡梦中，梦见西南方天门洞开，五色霞光照耀如昼。只见一美男子，羽冠鹤氅，骑彩凤从天而降，来到"凤台"上。对弄玉说："我乃太华山之主，上帝命我与你结为夫妇，应在中秋节相见，这是夙世姻缘。"说完，解下腰间的赤玉箫，倚栏吹奏。箫声一起，彩凤舒羽翼鸣舞，凤声与箫声，唱和如一，宫商协调，煌煌盈耳。弄玉神思俱迷，不觉上前问道："这是什么曲子？"美男回答："《华山吟》第一弄。"弄玉又问："我可以学吗？"对方回答："既成夫妻，何难相授？"说完，上前执弄玉的手。弄玉猛然惊觉，梦中景象，宛然在目。

天一亮，弄玉觉得怪异，将梦中情景告诉了父亲。秦穆公即刻命令大将军孟明按照弄玉梦中形象，到太华山去寻访此人。

孟明带人来到太华山，问询当地居民有无此人。一位农夫指着山上说："山上明星岩，有个奇人，从七月十五到这里，结庐独居，每天下山买酒自酌。到了晚上，吹箫一曲，箫声响彻云霄，听者忘记睡觉。但不知他是哪里来的人。"

孟明一行人登上太华山，来到明星岩。果然见到一人，羽冠鹤氅，玉貌丹唇，飘飘然有超尘出俗之姿。孟明心知此人不凡，上前施礼，叩问姓名。对方回礼，答道："某姓萧，名史。足下何人？来此何事？"孟明说："我乃是本国右庶长，百里孟明。我主为爱女择婿，女善吹笙，一定要找个相配的人。听说您精通音律，我主想见您一面，特命我来相请。"萧史回答："某略懂音乐，并无其他特长，不敢辱命。"孟明说："烦请下山一遭，同去见见我主，自有分晓。"萧史只好答应了。

萧史与孟明一同乘车而来。孟明先见穆公，奏知其事，然后引萧史来谒见。

秦穆公坐在凤台上，萧史拜见，说："臣山野匹夫，不知礼法，伏祈矜宥！"穆公见萧史形容潇洒，有离尘绝俗之韵，心中先有三分喜欢。旁边赐坐，问道："听说你善于吹箫，还会吹笙吗？"萧史回答："臣只能吹箫，不会吹笙。"穆公说："寡人本来想找一位吹笙的，与我女儿为伴。既然笙与箫不是同类乐器，看来不太合适。"回顾孟明，示意请退下。

弄玉使人传语给穆公说："箫与笙类似，客人既然会吹箫，可让他试一试，好不容易请来，为何让他怀技而去呢？"穆公觉得也是，于是，命萧史吹奏。萧史取出赤玉箫，玉色温润，赤光耀人眼目，看上去就是个稀世之物。刚奏一曲，清风习习而来；再奏，彩云四合；奏到第三曲，只见白鹤成对，翔舞于空中；孔雀数双，栖集于林际。百鸟和鸣，许久才散。穆公十分高兴。

弄玉从窗帘内，窥见萧史，非常惊喜，和梦中之人极为相似。只听穆公又问萧史："你知道笙和箫的来历吗？"萧史回答："笙者，生也，女娲氏所作。意取发生，律应太簇。箫者，肃也，伏羲氏所作。意取肃清，律应仲吕。"穆公说："寡人听不太懂，能详细解释下吗？"萧史说："臣擅长箫，只说箫。当年，伏羲氏，编竹为箫，箫管的长短不一，像凤凰羽翼。箫声和美，像凤凰鸣叫。大的叫'雅箫'，有二十三管合成，长一尺四寸。小的叫'颂箫'，十六管，长一尺二寸。都可叫做'箫管'。管底如果是空的，叫做'洞箫'。后来，黄帝命令伶伦去昆溪采伐竹子，制作成笛子。笛子横排七个孔，声音也像凤鸣，但形状比较简单。再后来，人们觉得箫管太多太繁，干脆做成一管而竖着吹。

长的叫箫，短的叫管。今天的箫已经和古代的箫大不同了。"

穆公又问："你吹箫怎么能把百鸟引来？"萧史回答："箫虽然简单，但它的声音像凤凰鸣叫。凤是百鸟之王，各种鸟听到凤鸣就会翔集。当年，帝舜作箫韶之乐，凤凰应声而来仪。凤鸟都能来，何况其他鸟？"萧史嗓音洪亮，应对如流。

秦穆公更加喜悦，对萧史说："寡人有爱女弄玉，颇通音律，愿意嫁个懂音乐的人，不知你意下如何？"萧史磕头下拜，说："我本是山僻野人，怎敢充当王侯之贵？"穆公说："小女有誓言在先，非要嫁一个善于吹笙的人。刚听到你吹箫，能通天地，格万物，比笙强多了。况且我女儿有梦征。正好八月十五中秋节快到了，这是天缘，愿卿不要推辞。"萧史拜谢。

穆公命太史选个吉日举行婚礼。太史奏曰：中秋节就是上上吉，月圆于上，人圆于下。于是，中秋之日，穆公命左右让萧史沐浴更衣，送至凤楼，与弄玉成亲。夫妻和睦，不必细说。

第二天，秦穆公拜女婿萧史为秦国中大夫。

萧史虽然作了官，但从来不参与国政，天天在"凤楼"上练功饮酒，也不吃饭。弄玉跟他学呼吸导气之法，也渐渐地不怎么进食了。萧史每天教弄玉吹箫，教她演奏古曲调《来凤》。

大约半年之后的一个夜晚，夫妻俩在月下吹箫，吹着吹着，飞来一只紫凤凰，停落在凤台的左边；接着，来了一条赤龙，盘在凤台的右侧。弄玉惊奇。

萧史说："我本来是上界仙人，上帝看到人间史籍散乱，命我下凡整理。周宣王十七年五月五日，我降生在周朝姓萧的家中，取名萧三郎。周宣王末年，史官失职，我常年整理典籍，查补遗漏。周人认为我对史籍整理有功,就称我为萧史。"

"后来,上帝又命我做了华山之主,如今,我已经一百一十岁了。你我有夙世姻缘,借箫声认识,并成全了彼此。然而,我们不能久住人间。今天龙凤都来了,迎接我们归去。"弄玉楞了一会,然后微微点头说:"嗯,我们去告辞父亲,然后一起启程。"萧史摇头说:"你我如今已不是凡人,既为神仙,应当脱然无虑,怎能眷恋亲情?"弄玉默然相许。

于是,萧史乘赤龙,弄玉乘紫凤,不辞而别,直接从凤台上翔云而去。如今人称佳婿为"乘龙快婿",正谓此也。

第二天一早,宫人慌忙将此事报知穆公。秦穆公惘然,呆了半晌才徐徐叹曰:"神仙之事,果然真有!倘若此时有龙凤来迎寡人,寡人视弃山河如弃敝屣耳!"说完,立即命人到太华山寻找踪迹。结果打听到昨夜山上有凤鸣声,此外,杳然无所闻。

穆公命人在太华山明星岩建一祠堂,即后来的"箫女祠"。每年有人以酒果祭祀,祠堂中时而会有凤鸣之声。

穆公从此厌倦兵革,超然有世外之想。三年后,即周襄王三十一年春二月望日,穆公坐在凤台观月,思念其女弄玉,不知何往,更无归期,蓦然睡去。梦见萧史与弄玉驾一凤来迎,同游广寒宫,清冷彻骨。翌日穆公无病而终,人以为仙去了。秦穆公在位三十九年,享年六十九岁。

六朝鲍照写有《萧史曲》一首:
萧史爱少年,嬴女吝童颜。火粒愿排弃,霞雾好登攀。
龙飞逸天路,凤起出秦关。身去长不返,箫声时往还。

第二十二讲

大义灭亲[1]

---

[1] 选自〔明〕冯梦龙:《东周列国志》,华夏出版社,2013年,第六回。

西周初年，武王姬发封自己的弟弟卫康叔姬封建立卫国。故事从卫国第十二任国君卫庄公说起。

《左传》记载，卫庄公娶庄姜为妻，庄姜未育。后来，他又娶了陈国女子厉妫，厉妫随嫁的妹妹戴妫给卫庄公生了两个儿子，一个名叫完，另一个名叫晋。

后来庄公与一个宠妾又生了个儿子，名叫州吁。州吁自小性格暴戾，爱武，喜欢谈兵，庄公宠爱，骄奢放纵，任其所为。

卫国大夫石碏看不惯，便向卫庄公进言："臣闻爱子者教以义方，宠过必骄，骄必生乱。主公如果准备传位于州吁，就应当立为世子。如其不然，一定要严加管教，制约他的行为，以免生骄奢淫逸之祸。"庄公不听，州吁愈加骄横、放纵。

石碏的儿子石厚与州吁交往甚密，经常并车出猎，骚扰居民。石碏警告儿子不要与州吁来往，可石厚哪里肯听？一次，石碏将石厚鞭责五十，锁进空房，不准出入。石厚逾墙而出，干脆住在州吁府中，天天吃住一起，不回家。石碏无可奈何。

庄公死后，太子完继位，称卫桓公。桓公生性懦弱，石碏觉得不能有所作为，遂告老在家，不参与朝政。

州吁更加肆无忌惮，日夜与石厚商量篡夺之计。当时正好周平王驾崩，更立新王，卫桓公准备去周都吊贺。石厚对州吁说："好机会来了！明天主公出行，公子可在西门为主公饯行，预先埋伏五百甲士于门外，等酒至数巡，袖出短剑而刺之。手下有不服从者，即时斩首。诸侯之位，唾手可得。"州吁十分兴奋，说："好主意，大事可成矣！"

第二天，州吁预先命令石厚率领五百壮士埋伏于西门外，州吁亲自迎接桓公来到行馆，早已安排好筵席为兄饯行。州吁躬身进酒，说："兄侯远行，薄酒奉饯。"桓公说："又教贤弟费心。我此行不过月余便回，烦贤弟暂时摄理朝政，小心在意。"州吁说："兄侯放心。"酒过三巡，州吁再次起身斟满一杯，进于桓公，桓公一饮而尽，随后也斟满一杯回敬州吁。州吁双手去接，假装失手，酒杯坠地，慌忙拾取。桓公不知其诈，命取杯更斟，想重敬州吁。州吁乘此机会，急忙腾步闪到桓公背后，抽出短剑，从后猛刺一刀，剑刃从胸口穿出，即时气绝身亡。跟随众人，都知州吁武力胜人，且石厚又领五百甲士围住公馆，反抗也没用，只得顺从。州吁载尸殡殓回都，托言暴疾。

于是，州吁代立为君，拜石厚为上大夫。

继位后，国人沸沸扬扬，尽传弑兄之事。州吁无法安定民心，与石厚商议："要想立威于邻国，以胁制国人，如何是好？"石厚回答："莫如对其他诸侯国用兵。"

于是，卫国纠集宋、鲁、陈、蔡等国讨伐郑国，将郑国的郊外掳掠一阵，齐奏凯歌，扬扬归国。从合围郑国到解围而去，才不过五天。沿途听见有歌谣唱曰："一雄毙，一雄兴，歌舞变刀兵，何时见太平？"

州吁虽说打了胜仗,但卫国上下却不拥护他。州吁问石厚,国人仍然不服,如何是好?石厚说:"我父亲是国家老臣,曾位为上卿,平素为国人所信服。主公如果征他入朝,同理国政,必然能巩固政权。"州吁便备了重礼,派人问候石碏,并请他入朝议事。石碏托言病笃,坚辞不受。

州吁又问石厚:"你父亲不肯入朝,寡人亲自去请教,你觉得如何?"石厚说:"您去了,他也不一定愿意见。不如我以国家大臣的名义,回去试问一问。"

石厚回家见到父亲,转达了新君敬慕之意。石碏问:"新主召我入朝,是什么意思?"石厚说:"只为人心不和,恐君位不定,想求父亲出一良策。"石碏说:"诸侯即位,应禀命于周王朝才算名正言顺。新君如果亲自朝觐周王,得到周王的嘉许,奉命为君,国人就没什么话说了。"石厚说:"您说得对,但无故入朝,周王必然起疑,必须先派人通情于王,方可觐见,您说呢?"石碏说:"现今陈侯忠顺周王,朝聘不缺,很得周王宠爱。我国与陈国素相亲睦,近来又有合兵之事。如果新主亲自朝见陈侯,央陈侯通情于周王,然后入觐见王,不就可以了嘛。"

石厚将父亲的话转述于州吁。州吁非常高兴,拍掌说:"还是你老子厉害。"立即命人备好玉帛礼仪,命上大夫石厚护驾,往陈国进发。

石碏与陈国大夫子铖素相厚善,得知州吁、石厚离开卫国,当即割破手指,写下一封血书,秘密派心腹人火速送到子铖家,托子铖将书信呈达陈侯。书曰:

"外臣石碏百拜致书陈贤侯殿下:卫国褊小,天降重殃,不幸有弑君之祸。此虽逆弟州吁所为，实臣之逆子厚贪位助桀。二逆不诛，乱臣贼子行将接踵于天下矣！老夫年耄，力不能制，负罪先公。今二逆联车入朝上国，实出老夫之谋。幸上国拘执正罪，以正臣子之纲。实天下之幸，不独陈国之幸也。"

陈桓公看了信，问子铖："怎么办？"子铖回答："卫国的事就是陈国的事，今天两个逆子来我国，是自己送死，绝不能放过。"陈侯点头。于是定下擒州吁之计。

再说州吁同石厚来到陈国，全然不知石碏的计谋。一君一臣，昂然而来。陈侯派人出郭迎接，安置到客馆。来人转达陈侯之命，并请来日在太庙中相见。州吁见陈侯礼意殷勤，不胜欢喜。

第二天，陈国太庙香烟缭绕，庄严肃穆。陈侯立于主位，左侯右相，排列得相当整齐。石厚先到，见太庙门首立着一面白牌，上写："为臣不忠，为子不孝者，不许入庙！"石厚吃了一惊，问大夫子铖："立此牌何意？"子铖回答："这是先君之训，吾君不敢忘记。"石厚遂不疑。须臾，州吁驾到，石厚导引下车，立于宾位。傧相启门，请入太庙。州吁佩玉秉圭，正要鞠躬行礼，只见子铖立于陈侯之侧，大声喝道："周天子有命，拿下弑君贼州吁、石厚二人，其他人免罪。"话音刚落，州吁就被擒下。石厚急忙拔佩剑，一时慌张，没能拔出鞘，只好用手格斗，打倒了两人，庙中早有甲士埋伏，一齐上来将石厚按倒在地，绑缚了。

跟随的诸多兵众，还在庙外观望。子铖对众宣读石碏的来书，众人方知道州吁、石厚被擒都是出于石碏的主意，假手于陈，于是四散而走。

陈侯准备将二人就地正法。群臣进言:"石厚是石碏的儿子,还不知石碏的意思。不如请卫国人自来议罪。"陈侯说:"诸卿说得是。"于是将二人分两处监禁,州吁囚于濮邑,石厚关在陈国,使其音信隔绝。遣人星夜持书报知卫国石碏。

石碏自从告老之后,未曾出户。一听有陈侯使命到了,急忙驾车入朝,同时派人请诸大夫朝中相见。石碏亲自来到朝堂,会集百官,众人惊奇,议论纷纷。石碏当众开启陈侯书信,得知州吁、石厚已被陈侯拘执,专等卫国大夫来处置。石碏问诸大夫怎么办?百官齐声说:"此社稷大事,全凭国老主持。"石碏说:"两个逆子一个都不能饶恕,按国法杀无赦。"众大夫中有人建议说:"首恶州吁应该正法,石厚从犯,理应从轻处罚。"石碏一听,大怒:"州吁之恶,都是我那个逆子相助才酿成的。你们说要从轻处罚,岂不是怀疑我有舐犊之私?老夫当亲自一行,手诛此贼,不然,无面目入先人之庙!"家臣獳羊肩说:"国老不必发怒,国老精诚为国,谁人不知?我可以代往。"石碏派右宰丑前往濮邑立杀州吁,派獳羊肩去陈国立杀州吁;一面整备法驾,迎接公子晋即位。

卫国两大夫一同来到陈国,先谒见陈侯,感谢除乱之恩,然后分头行动。右宰丑来到濮邑,将州吁押赴市曹。临刑前州吁大呼:"我乃是卫国之君,你是卫国臣子,怎敢动手?"右宰丑说:"卫国先有弑君者,我也是仿效耳。"州吁俯首受刑。

獳羊肩来到陈都,杀石厚。石厚说:"我是该死,但请求见父亲最后一面。"獳羊肩说:"我奉你父之命,特来诛逆子。你如果想见父亲,我会提着你的头去见!"说罢,剑起头落。

公子晋回国，重为桓公发丧，即侯位，是为卫宣公。尊石碏为国老，世世为卿。

《左传·隐公四年》中言："子从弑君之贼，国之大逆，不可不除。"称石碏："为大义而灭亲，真纯臣也！"

史臣有诗曰：

公义私情不两全，甘心杀子报君冤。

世人溺爱偏多昧，安得芳名寿万年。

第二十三讲

千金买笑[①]

[①] 选自〔明〕冯梦龙:《东周列国志》,华夏出版社,2013年,第二回。

话说西周末年，周幽王为人暴戾，动静无常。即位不久，便耽于声色，不理朝政。选购四方美女，以充后宫。有人为取悦幽王，进献一美少女，名褒姒。

原来，褒姒是王宫一宫女的私生女，一出生就被遗弃于河中。后被一个卖弓箭的村民偶然遇见并救起，委托褒地一家名叫姒大的抚养。长大后取名褒姒。十四岁那年，长得像十六七岁模样，眉目清秀，唇红齿白，发挽乌云，指排削玉。一来居住在穷乡僻壤，二来年纪幼小，所以，虽然如花似玉，还没有聘定。

当地有位官员名叫洪德，父亲因进谏而入狱。偶然来到乡间征税，凑巧褒姒门外打水。褒姒虽然村妆野束，难掩国色天姿。这位官员一见褒姒大惊，叹道："如此穷乡，却有如此姝丽！"于是洪德与姒大协商，出高价将褒姒买回家。香汤沐浴，着华丽服装，又命人教以歌舞、礼节。

一年之后，再看褒姒：如花如月，倾国倾城，比花花解语，比玉玉生香。洪德为了救狱中父亲，准备将褒姒进献给王宫。

当天幽王闻奏，宣褒姒上殿，拜毕。幽王抬头观看，只见褒姒姿容态度，目所未睹，流盼之际，光艳照人。幽王魂飞天外，龙颜大喜，说："四方虽贡献有人，不及褒姒万分之一。"幽王降旨重赏洪德，赦其父无罪。不通知王后申氏，当天晚上就留褒姒在宫里同寝，如鱼得水，不必多说。从此，幽王与褒姒，坐则叠股，立则并肩，饮则交杯，食则同器。一连十几天不上朝。群臣叹息。

　　幽王自从得了褒姒，迷恋其美色，在琼台住了三个月，更不理王后申氏。早有人报知申后，说如此如此。申后不胜其愤，一天忽然带着一群宫女，直接来到琼台。正好幽王与褒姒促膝而坐，也不起来迎接。申后实在忍气不过，骂道："哪里来的贱人，到此玷污宫闱！"幽王担心申后动手，急忙用身护住褒姒，代答："这是寡人新娶的美人，还未定次位，所以没来得及朝见王后，不必发怒。"申后骂了一场，恨恨而去。褒姒问："刚才是什么人，为何如此凶恶？"幽王说："是王后，你明天可以去正宫谒见一下，就没事了。"褒姒默然无语。第二天，褒姒仍不愿去朝见王后。

　　却说申后在宫中整日忧闷。太子宜臼跪而问："母亲贵为六宫之主，有什么不开心的？"申后说："你父王宠幸褒姒，一点都不顾及嫡妾之分。将来这个妖女得志，我母子无处安身了！"遂将褒姒不来朝见，以及不起身迎接等事，备细诉说与太子，不觉泪下。太子安慰说："母亲不必难过。明天是朔日，父王必然视朝。母亲可以派几名宫人去琼台采摘花朵，引褒姒出来，孩儿乘机将这小贱人毒打一顿，为母亲出气。父王即便嗔怪，罪责在我，与母亲无关。"申后说："这事须从容计议，我儿不可造次胡来。"太子怀忿而出。

　　第二天早上，幽王果然出朝，群臣贺朔。太子故意安排数十名宫人前往琼台，不问情由，将花乱摘。台中走出另一群宫人阻拦，说："这些花是万岁爷栽种，专供褒姒娘娘赏玩，不得毁坏！"这边宫人说："我们是奉东宫旨令前来采花，供奉正宫娘娘，谁敢阻拦！"两拨人彼此争吵起来。这一吵惊动了褒姒。褒姒亲自出来查看。见此情景，怒从心起，正要发作。不料太子突然出现，趁褒姒没提防，赶上一步，揪住乌云宝髻，举起拳头便打，口中骂道："贱婢，你算什么东西，无名无位，也敢妄称娘娘，今天让你认识认识我是谁！"刚打了几拳，众人一齐下跪磕头，高叫："太子饶命，看在大王面上，求您住手！"太子宜臼也怕伤了人命，即时住了手。褒姒忍痛含羞，回到台中，心知太子是替母亲出气，不禁双行泪流。宫女劝解："娘娘不要悲伤，大王自会替您做主。"

不多时，幽王退朝，回到琼台。看见褒姒两鬓蓬松，眼流珠泪，问道："爱卿何故今日还不梳妆？"褒姒扯住幽王袍袖，放声大哭，诉说："太子领着一群宫人在台下摘花，妾未曾得罪，太子一见，上来又打又骂。要不是宫女们苦苦相劝，性命难保。乞求大王为我做主！"说完，呜呜咽咽，痛哭不止。幽王心里明白，对褒姒说："你不去朝见王后，以致如此。不过，这一定是王后主使，不能错怪太子。"褒姒哭着说："太子为母报怨，看样子非要杀妾而后快。妾一身死不足惜，但自蒙大王爱幸，已身怀六甲两个月。妾之一命，即是两命。求大王放我出宫，保全我母子性命。"幽王说："爱卿放心，寡人自有处分。"

当天幽王传旨："太子宜臼好勇无礼，发配去申国，听后申侯（太子舅家）教训。太子的两位老师，辅导无状，并行削职！"

太子想入宫诉明，幽王吩咐不许通报，只好驾车去了申国。王后久不见太子，询问宫人，才知道太子已被贬去申国。申后孤掌难鸣，整天怨夫思子，以泪洗面。

褒姒怀胎十个月，生下一子，幽王爱如珍宝，取名伯服，且心中暗有废长立幼之意。朝中有两位佞臣，专好察言观色，揣知王意，暗通褒姒："如今太子已被逐去外家，伯服理应立为太子。内有娘娘枕边语，外有我二人协力相助，何愁事不成？"褒姒十分高兴，回复道："全仗二卿用心。若得伯服嗣位，将来得了天下由二卿做主。"自此，褒姒秘密派心腹之人，日夜监视申后踪迹，寻找王后的短处。风吹草动，无不知悉。

再说申后独居无侣，终日流泪。有一宫女，同情王后，说："娘娘既然思念太子殿下，为何不修书一封，密寄申国，让殿下上表谢罪？若能感动万岁，召还东宫，母子相聚，岂不美哉？"申后说："你说得不错，可是谁能把书信带出去呢？"宫女说："我母亲温媪颇知医术，娘娘诈称有病，召我母入宫看脉，让她将信带出去，再让我兄长送到申国，万无一失。"申后依允，遂修书一封，内容大略为："天子无道，宠信妖婢，使我母子分离。今妖婢生子，其宠愈固。汝可上表佯认己罪。若天赐还朝，母子重逢，别作计较。"书毕，假称有病卧床，召温媪看脉。

早有人报知褒姒。褒姒说："这里一定有传递消息之事，等温媪出来，你们给我搜身！"

温媪来到正宫，申后假装诊脉，从枕头边取出书信，嘱咐说："你设法星夜将此信送往申国，不可迟误！"并赐温媪两匹彩缯。温媪点头，将书信怀揣，手捧彩缯，喜洋洋出宫了。刚出门就被守门人拦住盘问："这彩缯是哪里来的？"温媪回答："老妾为王后诊脉，是王后赏赐的。"太监又问："有没有夹带其他东西？"回答："没有。"正要放行，又来一人说："不搜寻，怎么知道有没有？"让温媪转身。温媪东遮西闪，神色慌张。宫监心疑，越要搜检。一齐上前，扯裂衣襟，露出书角。当下连人带信押解到琼台，来见褒姒。褒姒拆书观看，心中大怒。命人将老媪锁进空房，不许走漏消息。随后亲手将两匹彩缯撕裂成碎片。

幽王回宫，见破缯满地，问起来由。褒姒含泪说："妾不幸身入深宫，谬蒙宠爱，以致正宫妒忌。又不幸生子，忌恨益深。今正宫寄书太子，书尾云：'别作计较'。必有谋我母子性命之事。愿王为妾做主！"说罢，将书信呈与幽王观看。幽王认得是王后笔迹，问通书人是谁。褒姒说："一老媪，现在关押着。"幽王命人牵出，不由分说，拔剑挥斩为两段。

不久周幽王在两位佞臣的撺掇下，传下圣旨：将申后打入冷宫，废太子宜臼为庶人，另立褒姒为王后，伯服为太子。

褒妃虽然篡位正宫，受到了专宠，但从未开颜一笑。幽王欲取其欢，召乐工鸣钟击鼓，品竹弹丝，宫人唱歌跳舞，褒姒全无喜色。幽王问："爱卿既不喜欢音乐，到底喜欢什么？"褒姒说："妾没什么爱好。只是记得昔日手裂彩缯，声音爽然可听。"幽王说："既然喜欢撕裂彩缯的声音，何不早说。"随即命人日进彩缯百匹，让众宫女一起用手撕裂，以取悦褒姒。可是褒姒依旧不见笑脸。幽王问："卿何故还是不笑？"褒姒回答："妾天生不笑。"幽王说："寡人一定要让你开口一笑！"

于是下令：不管宫内宫外，有谁能让褒姒王后一笑，赏赐黄金一千两。大臣中有位佞臣叫虢石父，献计说："先王昔年因西戎强盛，担心被入侵，在骊山下设置烽火台二十余座，又设置大鼓数十架。一旦贼寇入侵，放起狼烟直冲霄汉。附近诸侯国看到烽烟，发兵相救。如今数年来天下太平，烽火久熄。大王若要王后启齿一笑，明日可陪王后游玩骊山，夜举烽火，诸侯援兵必来，来而无寇，王后必笑无疑。"幽王说："好主意！"

幽王同褒姒并驾来骊山游玩，晚上设宴骊宫，传令举火。当时有位忠臣郑伯友听说后大惊，急忙来到骊山向幽王奏道："烽火台乃先王所设以备缓急，是用来取信于诸侯。现在无故举烽，是戏诸侯。倘若以后真有不测，即使举烽，诸侯必不信。将来用什么来征兵救急呢？"幽王很不高兴，说："如今天下太平，征什么兵！寡人与王后游玩，无可消遣，聊与诸侯开个玩笑，有何不可？以后有事，与你无关！"幽王不听劝谏。

于是，一声令下，大举烽火，又擂起大鼓。鼓声如雷，火光冲天。附近诸侯以为镐京有变，一个个即时领兵点将，连夜赶到骊山。但听楼阁传来音乐之声，幽王与褒后正饮酒作乐，使人谢诸侯说："平安无事，有劳跋涉。"众军将面面相觑，卷旗而回。褒姒在楼上，凭栏望见诸侯虚惊一场，白跑一趟，不觉抚掌大笑。幽王大喜，说："爱卿一笑，百媚俱生，全是虢石父的功劳！"当即赏赐黄金一千两。至今俗语相传"千金买笑。"

后来，西周因此而亡国。有诗一首，单咏"烽火戏诸侯"之事：

良夜骊宫奏管簧，无端烽火烛穹苍。

可怜列国奔驰苦，止博褒妃笑一场。

第二十四讲

二子乘舟[1]

---

[1] 选自〔明〕冯梦龙:《东周列国志》,华夏出版社,2013年,第十二回。

春秋时期卫国。

卫宣公名晋，为人淫纵不检。在做公子的时候，就与其父庄公的小妾名叫夷姜的私通，生下一子，寄养在民间，取名为急子。宣公即位后，原配失宠，夷姜得幸，如同夫妇，立急子为世子。

急子长到十六岁，宣公派使者为其聘齐僖公的长女为妻。使者回报说齐女有绝色，宣公心贪其色，而难于启口。命名匠筑高台于淇河之上。那新台朱栏华栋，重宫复室，极其华丽，名曰"新台"。

宣公借故遣开急子，派人如齐，迎姜氏直接到新台，纳为己有，是为宣姜。姜氏本求佳偶，谁想配了个老丑夫，只能认命。急子回家，宣公命他以庶母之礼谒见姜氏，急子遵命，毫无怨恨之意。

宣公自从纳了齐女，每天往新台朝欢暮乐，将夷姜又撇在一边。一住三年，与齐姜连生二子，长曰寿，次曰朔。自古道："母爱子贵"，宣公因偏宠齐姜，将昔日怜爱急子之情都转移到寿与朔身上。心中想，百年之后，把卫国江山传于寿、朔兄弟，便心满意足了，急子反而像是多余的一个人似的。公子寿天生孝友,与急子如同胞一样亲爱,常在父亲面前,说急子的好处。急子又温柔敬慎,所以宣公未曾显露心意。

那公子朔,年齿尚幼,天生狡猾,虽说与寿一母所生,性格却迥然不同。恃其母得宠,阴蓄死士,心怀非望。不但憎嫌急子,连亲兄弟公子寿在他眼里也像赘疣。只是事有缓急,先除掉急子要紧。

公子朔经常用话挑激母亲,说:"父亲眼下虽然对我们母子不错,可有急子在先,他为兄,我等为弟,以后传位,难免有个长幼之序。况且急子母亲夷姜被你夺宠,心怀积怨。一旦急子为君,她当了国母,我母子就无安身之地了。"齐姜本来是聘给急子的,现在跟了宣公,又得宠生子,也觉得急子于自己有妨碍,看着不舒服。于是与儿子公子朔合谋,经常在宣公面前谗谮急子。

一天,急子过生日,公子寿治酒相贺,公子朔也同席。酒席宴前,公子寿与急子说话甚密,公子朔插不上嘴,托病先回。回到母亲齐姜面前,双眼垂泪,扯个大谎,诉说道:"孩儿好意同自己的哥哥为急子祝寿,急子借酒戏谑孩儿,说我是他的儿子。孩儿心中不平,说他几句。他说:'你母亲原是我的妻子,按理说你该称我为父。'孩儿再待开口,他便奋臂要打。多亏哥哥劝住,孩儿才逃席回来。受此侮辱,望母亲禀知父侯,为儿做主。"齐姜信以为真。

等到宣公入宫,齐姜呜呜咽咽告诉出来,又装点几句:"他还要玷污妾身,对我儿说:'我母夷姜原是父亲的庶母,尚然收纳为妾。况且你母亲原是我旧妻,父亲只当暂时借贷,将来与卫国江山一同还我。'"

宣公非常生气，召公子寿责问，公子寿回答说："并无此事。"宣公半信半疑，传令晓谕夷姜，责备她不好好教训儿子。夷姜莫名其妙，本来就一肚子苦水，此时怨气填胸，投缳而死（上吊自杀）。

急子痛念母亲，又恐父亲嗔怪，暗地哭泣。公子朔又与齐姜向父亲诽谤急子：急子因母亲死于非命，口出怨言，说日后要我母子偿命。卫宣公本来不信这事，无奈妒妻谗子日夜撺掇，定要宣公杀急子以绝后患，不由宣公不听。

卫宣公辗转踌躇，终有了杀急子之心。可是，杀之无名，必须借他人之手，死于道路，方可掩人耳目。

正好，齐僖公来约征伐纪国，向卫国征兵。宣公与公子朔商议：以赴齐国约定出师日期为名，派急子如齐，找人假扮盗贼，埋伏于道路，路上趁急子不备，神不知鬼不觉除掉急子。公子朔向来蓄养死士，今日正好用得着，吩咐如此如此，事成定有重赏。公子朔安排已定，回去告诉了母亲齐姜，齐姜心中十分欢喜。

公子寿见父亲避开他人，单独召弟弟议事，心下怀疑。入宫来见母亲，探其语气。齐姜并不隐瞒，尽吐实情。还嘱咐说："这是你父亲的主意，要除掉我们母子的心头之患，千万不可泄漏给他人。"

公子寿从小与同父异母哥哥急子感情深厚，立刻将此消息告诉了急子，建议说："看来父亲听信了谣传，要置你于死地。此去齐国先走水路，后行陆路，凶多吉少。不如出奔他国，再做打算。"

急子说："作为人子，以从命为孝。弃父之命，即为逆子。世间哪有无父之国？即使出奔他国，又哪里可以安身呢？"遂整装下船，毅然上路。

公子寿苦苦相劝，急子坚决不从。公子寿心想，吾兄真仁人也。此行若死于盗贼之手，父亲立我为世子，我将来何以自明？子不可以无父，弟不可以无兄，我当先兄而行，代他一死。父亲得知我死，倘若能够感悟，慈孝两全，也落得留名万古。

于是，公子寿说要与哥哥饯别。急子说："君命在身，不可逗留。"公子寿只好携酒来到急子的船上，满斟以进。还没开口，不觉泪如雨下，泪珠掉入杯中。急子急忙接过酒杯，一饮而尽。公子寿说："酒已经弄脏了。"急子说："我正要饮兄弟之情。"公子寿拭泪说："今日此酒是你我兄弟永诀之酒，哥哥若理解小弟之情就多饮几杯。"急子说："敢不尽量！"

两人泪眼相对，彼此劝酬。公子寿有心留量。急子却到手即干，不觉大醉，倒在席上，鼾鼾睡去。

公子寿对随从人说："君命不可迟，我将代往。"让自己的随从跟随。吩咐急子随行人众，好好守候，并从袖中拿出一封信交给他们说："等世子醒后，可呈看。"遂命人开船。

行近齐国水岸，准备下船。岸上早有埋伏，认定是急子到来，一声呼哨，如风而集。公子寿挺身而出，大喝一声："我乃本国卫侯长子，奉命往齐，你们是什么人，敢来邀截？"众贼齐声喊："我等奉卫侯密旨，特来取你的首级！"说完，举刀便砍。从人见势头凶猛，不知来历，一时惊散。可怜公子寿引颈受戮。

贼党取头，盛于木匣，一齐下船，掉头而回。

再说急子，酒后不多时便醒，不见了公子寿。从人将书信呈上，急子拆开一看，信上只写了八个字"弟已代行，兄宜速避"。急子不觉堕泪，说："弟为我受难，我当速往。不然，吾弟恐被误杀。"又乘一舟，带领仆从，催趱速行。

真是电流光觉，鸟逝超群。是夜，月明如水，急子心念弟弟，目不交睫。遥遥望见公子寿的船只，兴奋地说："天幸吾弟尚在！"从人禀道："这是来舟，并非去舟。"急子心疑，教拢船上去。两船相近，只见船中一群贼人，不见公子寿。急子更加疑惑，上前假装问："主公所命，是否了结？"众贼听得说出了秘密，以为是公子朔派人来接应，于是回答："事已办妥。"急子接过贼人递过来的木匣一看，是公子寿的人头。仰天大哭："我弟死得好冤啊！"众贼惊骇，问："父杀其子，何故称冤？"急子说："我才是急子，你们杀的是我弟弟公子寿。可速断我头，归献父亲，可赎你们误杀之罪。"

贼党中有人认得二公子，于月下仔细辨认，果然杀错了。众贼一起上前，将急子斩首，也把头颅用木匣盛了。众人惊散。

卫宣公虽怪急子，但怜爱公子寿。一听公子寿同时被害，吓得面如土色，半晌不语。痛定生悲，泪如雨下，连声叹气："齐姜误我！齐姜误我！"

宣公受惊过度，又加上想念公子寿，遂卧病不起。一闭眼便见夷姜、急子、公子寿，哭哭啼啼，口称冤枉。祈祷无效，半月而亡。

《诗经·卫风》有《乘舟》之诗，正咏兄弟争死之事。诗曰：

二子乘舟，泛泛其景，愿言思子，中心养养。

二子乘舟，泛泛其逝，愿言思子，不瑕有害。

诗人不敢明言，但追想乘舟之人，以寓悲思之意。

第二十五讲

千里送京娘[①]

[①] 选自〔明〕冯梦龙:《警世通言》,上海古籍出版社,1998年,第二十一卷。

说时义气凌千古，话到英风透九霄。八百军州真帝王，一条杆棒显雄豪。

且说五代乱离，有诗四句：朱李石刘郭，梁唐晋汉周。都来十五帝，扰乱五十秋。

这五代都是偏霸，未能统一。当时土宇割裂，民无定主。到后周虽是五代之末，仍有五国三镇。哪五国？周郭威、北汉刘崇、南唐李璟、蜀孟昶、南汉刘晟。哪三镇？吴越钱佐、荆南高保融、湖南周行逢。

虽说有五国、三镇，那周朝承梁、唐、晋、汉之后，号为正统。赵太祖赵匡胤曾仕周为殿前都点检，后因陈桥兵变，黄袍加身，代周为帝，混一宇内，国号大宋。

当初未曾发迹变泰之时，因他父亲赵洪殷，曾仕汉为岳州防御使，人都称匡胤为赵公子，又称赵大郎。生得面如噀血，目若曙星；力敌万人，气吞四海。专好结交天下豪杰，任侠任气，路见不平，拔刀相助，是个管闲事的祖宗，撞没头祸的太岁。先在汴京城打了御勾栏，闹了御花园，触犯了汉末帝，逃难天涯。到关西护桥杀了董达，得了名马赤麒麟。黄州除了宋虎，朔州三棒打死了李子英，灭了潞州王李汉超一家。来到太原地面，遇到了叔父赵景清。

当时赵景清在清油观出家，就留赵公子在观中居住。谁知赵公子染疾，一卧三月。比及病愈，赵景清朝夕相陪，要他保养身体，不放他出外闲游。一日，赵景清有事出门，吩咐公子道："侄儿耐心静坐，病刚小愈，切勿行动！"赵景清出去了。公子那里坐得住，想道："便不到街坊游荡，在这本观中闲步一回，又且何妨！"公子将房门拽上，绕殿游览。

先登了三清宝殿，行遍东西两廊、七十二司；又看了东岳庙，转到嘉宁殿上游玩，叹息一声。真个是：金炉不动千年火，玉盏长明万载灯。

绕过多景楼、玉皇阁，一处处殿宇崔嵬，制度宏敞。公子喝彩不迭，果然好个清油观！观之不足，玩之有余。转到酆都地府冷静之处，却见一个小殿，正对那子孙宫，上面写着"降魔宝殿"，殿门深闭。公子前后观看了一回，正要转身，忽闻有哭泣之声，乃是妇女的声音。公子侧耳而听，其声出于殿内。公子想道："蹊跷作怪！这里是出家人住处，缘何藏匿妇人在此？其中必有不明之事。且去问道童讨取钥匙，打开这殿，看个明白，也好放心。"回身到房中，呼唤道童讨要降魔殿的钥匙。道童回答道："这钥匙师父自己收管，其中有机密大事，不许闲人开看。"公子想道："'莫信直中直，须防人不仁'，原来俺叔父不是个好人，三回五次只教俺静坐，莫出外闲行，原来干这勾当。出家人成甚规矩？俺今日偏要去开殿门，怕怎的！"

方要移步，只见赵景清回来。公子含怒相迎，口中也不叫叔父，气忿忿地问道："您老人家在此出家，干得好事？"景清被问得出其不意，便道："我不曾做甚事。"公子道："降魔殿内锁的是什么人？"景清方才省得，便摇手道："贤侄莫管闲事！"公子急得暴躁如雷，大声叫道："出家人清净无为，红尘不染，为何殿内锁着个妇女？哭哭啼啼，必是非礼不法之事！你老人家也要放出良心。是一是二，说个明白，还有个商量；若要欺三瞒四，我赵某不是与你和光同尘的！"赵景清见他言词峻厉，便道："贤侄，你错怪愚叔了。"公子道："怪不怪是小事，且说殿内可是妇人？"景清道："正是。"公子道："可又来！"赵景清晓得公子性情暴躁，还未敢明言，用缓词答应道："虽是妇人，却不干本观道众之事。"公子道："你是个一观之主，就是别人做出歹事寄顿在殿内，少不得你知情。"景清道："贤侄息怒！此女乃是两个响马不知从哪里掳来的，一个月之前寄于此处，托我等替他好生看守，若有差迟，寸草不留。因是贤侄病未痊愈，没有对你说。"公子道："响马在那里？"景清道："暂往其他地方去了。"公子不信，说道："岂有此理，快与我打开殿门，唤女子出来，俺自审问个详细。"说罢，拎了浑铁齐眉短棒，往前先走。

景清知他性如烈火，不好遮拦，慌忙取了钥匙，随后赶到降魔殿前。景清在外边开锁，那女子在殿中听得锁响，以为是强人来到，愈加啼哭。公子也不谦让，门一开，一脚跨进，那女子躲在神道背后唬做一团。公子近前，放下齐眉短棒，看那女子，果然生得标致：

眉扫春山，眸横秋水。含愁含恨，犹如西子捧心；欲泣欲啼，宛似杨妃剪发。琵琶声不响，是个未出塞的明妃；胡笳调若成，分明强和番的蔡女。天生一种风流态，便是丹青画不真！

公子抚慰道："小娘子，你休得惊慌。且说家居何处？谁人引诱到此？倘有不平，俺赵某与你做主！"那女子举袖拭泪，深深道个万福，公子还礼。女子先问："尊官高姓？"景清代答道："此乃汴京赵公子。"女子道："公子听禀！……"未曾说得一两句，早已扑簌簌流下泪来。原来那女子也姓赵，小字京娘，在蒲州解梁县小祥村居住，年方十七岁。因随父亲来阳曲县北岳焚香还愿，路遇两个响马强人：一个叫满天飞张广，一个叫着地滚周进。见京娘美貌，饶了她父亲性命，把京娘掳掠到山神庙中。张、周二强人争要成亲，不肯相让。议论了两三日，二人恐坏了义气，将京娘寄顿于清油观降魔殿内，吩咐道士小心供给看守，又去别处访求美貌女子，掳掠而来，凑成一对，然后同日成亲，为压寨夫人。那强人去了一个月，至今未回。道士惧怕他们，只得替他们看守。

京娘叙出缘由，赵公子向景清说道："适才甚是粗卤，险些冲撞了叔父。既然京娘是良家室女，无端被强人所掳，俺今日不救，更待何人？"又向京娘道："小娘子休要悲伤，万事有赵某在此，管教你重回故土，再见爹娘。"京娘道："虽承公子美意，释放奴家出于虎口，奈家乡千里之遥，奴家孤身女流，怎生跋涉？"公子道："救人就到底，俺不惧千里，亲自送你回去！"京娘拜谢："若蒙如此，便是重生父母。"赵景清道："贤侄，此事断然不可！那强人势大，官兵也拿他们没办法。你今日救了小娘子，那伙强人再来问我要人，教我如何对付？"

公子笑道："大胆天下去得，小心寸步难行。俺赵某一生见义必为，万夫不惧！那响马虽狠，敢比得潞州王么？他只要有两个耳朵,就该晓得俺赵某名字。既然你们出家人怕事,俺留个记号在此,你们好回复那响马。"说罢,轮起浑铁齐眉棒,横着身子,向那殿上朱红槅子,狠的打一下,"哗啦"一声,把菱花窗棂都打下来。再复一下,把那四扇槅子,打了个东倒西歪。唬得京娘战战兢兢,远远的躲在一边。赵景清面如土色,口中只叫:"罪过!"

公子说道:"强人若再来时,只说赵某打开殿门抢去了。冤各有头,债各有主。要来寻俺时,教他打蒲州一路来。"景清道:"此去蒲州千里之遥,路上盗贼生发,独马单身,尚且难走,况且有小娘子牵绊?凡事宜三思而行。"公子笑道:"汉末三国时,关云长独行千里,五关斩六将,护着两位皇嫂,直到古城与刘皇叔相会,这才是大丈夫所为。今日俺若连一位小娘子也救不了,赵某还做什么人?此去倘若遇到冤家,教他们双双受死!"景清道:"虽然如此,还有一说。古者男女坐不同席,食不共器。贤侄千里相送小娘子,虽是美意,出于义气,旁人怎知就里?见你少男少女一路同行,嫌疑之际,被人谈论,可不为好成歉,反为一世英雄之玷!"公子哈哈大笑,道:"叔父莫怪我说,你们出家人惯装架子,里外不一。俺们做好汉的,只要自己血心上打得过,人言都不计较。"景清见他主意已定,问道:"贤侄几时起程?"公子道:"明早便行。"景清道:"只怕贤侄身子还不健旺。"公子道:"不妨事。"

赵景清教道童治酒送行,公子于席上对京娘道:"小娘子,方才叔父说一路嫌疑之际,恐生议论。俺借此席面,与小娘子结为兄妹,俺姓赵,小娘子也姓赵,五百年合是一家,从此兄妹相称便了。"京娘道:"公子贵人,奴家怎敢扳高?"景清道:"既要同行,如此最好。"呼唤道童取过拜毡,京娘:"请恩人在上,受小妹子一拜。"公子在旁还礼。京娘又拜了景清,呼为伯伯。赵景清在席上叙起侄儿许多英雄事迹,京娘欢喜不尽。

  次日,五更鸡唱,赵景清起身安排早饭,又备些干粮牛脯,为途中之用。公子备了赤麒麟,将行李扎缚停当,嘱咐京娘:"妹子,只可村妆打扮,不可冶容炫服,惹是招非。"早饭已毕,公子扮作客人,京娘扮作村姑,一般的戴个雪帽,齐眉遮了。兄妹二人作别景清。赵景清送出房门,忽然想起一事,说:"贤侄,一马不能骑两人,这小娘子弓鞋袜小,怎跟得上,可不担误了程途?找一辆车子同去却不好?"公子道:"找车子耽误时间,况且有个车辆又费照顾,将此马让与妹子骑坐,俺誓愿千里步行,相随不惮。"京娘道:"小妹有累恩人远送,愧非男子,不能执鞭坠镫,岂敢反占尊骑,决难从命!"公子道:"你是女流之辈,必要脚力。赵某脚又不小,步行正合其宜。"京娘再三推辞,公子不允,只得上马。公子跨了腰刀,手执浑铁杆棒,随后向赵景清一揖而别。景清道:"贤侄路上小心,恐怕遇了两个响马,须要用心提防!切莫连累我观中之人。"公子道:"不妨,不妨!"说罢,把马尾一拍,喝声:"快走!"那马扑腾腾便跑,公子放开脚步,紧紧相随。

  于路免不得饥餐渴饮,夜住晓行,不一日行至汾州介休县地方。这赤麒麟原是千里龙驹马,追风逐电,自清油观至汾州不过三百里之程,不够名马半日驰骤。一则公子步行恐奔赴不及,二则京娘不惯驰骋,所以控辔缓缓而行。兼之路上贼寇生发,须要慢起早歇，每日止行一百余里。

公子是日来到一个土冈之下，地名黄茅店。当初原有村落，因世乱人荒，都逃散了，还存得个小小店儿。日色将晡，前途旷野，公子对京娘道："此处安歇，明日早行罢。"京娘道："但凭尊意。"店小二接了包裹，京娘下马，去了雪帽。小二一眼瞧见，舌头吐出三寸，缩不进去，心下想道："如何有这般好女子！"小二牵马系在屋后，公子请京娘进店房坐下，小二哥走来踮着呆看。公子问道："小二哥有甚话说？"小二道："这位小娘子，是客官什么人？"公子道："是俺妹子。"小二道："客官，不是小人多嘴，千山万水，途中不该带此美貌佳人同走。"公子道："为何？"小二道："离此十五里之地，叫做介山，地旷人稀，都是绿林中好汉出没之处。倘若强人知道，只好白白里送与他做压寨夫人。"公子大怒，骂道："贼狗大胆，敢虚言恐唬客人！"照小二面门一拳打去。小二口吐鲜血，手掩着脸，向外急走去了。

京娘道："恩兄忒性躁了些。"公子道："这厮言语不知进退，怕不是良善之人！先教他晓得俺些手段。"京娘道："既在此借宿，不得得罪他。"公子道："怕他则甚？"京娘便到厨下与店家娘相见，好言相劝，安慰了半晌。店家娘方才息怒，打点动火做饭。京娘归房，房中尚有余光，还未点灯，公子正与京娘讲话。只见外面一个人来，到房门口探头探脑。公子大喝道："什么人？"那人道："小人自来同小二哥闲话，与客官无干。"说罢，到厨房下，与店家娘唧唧哝哝的说了一会儿才去。公子看在眼里，早有三分疑心。灯火已到，店小二不见回来。

店家娘将饭送到房里，兄妹二人吃了晚饭，公子教京娘掩上房门先寝，自己带了刀棒绕屋而行。约莫二更时分，只听得赤麒麟在后边草屋下有嘶喊踢跳之声。此时十月下旬，月光初起，公子悄步上前探看，一个汉子被马踢倒在地。见有人来，挣扎起来就跑。公子知是盗马之贼，追赶了一程，不觉数里，转过溜水桥边，不见了那汉子。

只见对桥一间小屋，里面灯烛辉煌，公子怀疑那汉子躲匿在内，步进看时，见一个白须老者，端坐于土床之上，在那里诵经。怎生模样？

眼如迷雾，须若凝霜，眉如柳絮之飘，面有桃花之色。若非天上金星，必是山中社长。

那老者见公子进门，慌忙起身施礼。公子答揖，问道："长者所诵何经？"老者道："《天皇救苦经》。"公子道："诵他有甚好处？"老者道："老汉见天下分崩，要保佑太平天子早出，扫荡烟尘，救民于涂炭。"公子听得此言，暗合其机，心中也欢喜。公子又问道："此地贼寇颇多，长者可知他们的行藏么？"老者道："贵人莫非是同一位骑马女子，住在坡下茅店里的？"公子道："然也。"老者道："幸遇老夫，险些儿惊了贵人。"公子问其缘故。老者请公子上坐，自己傍边相陪，从容告诉道："这介山新来两个强人，聚集喽啰，打家劫舍，扰害汾潞地方。一个叫满天飞张广，一个叫着地滚周进。半月之间不知从哪里抢了一个女子，二人争娶未决，寄顿他方，待再寻得一个来，各成婚配。这里一路店家，都是那强人吩咐过的，一但访得有美貌佳人，疾忙报他，重重有赏。晚上贵人到时，那小二便去报与周进知道，先差野火儿姚旺来探望虚实。姚旺回报周进道：'不但女子貌美，兼且骑一匹骏马,单身客人,不足为惧。'强人之中,还有个千里脚陈名,第一善走,一日能行三百里,贼人差他先来盗马,众寇在前面赤松林下屯扎。等待贵人五更经过,便要抢劫。贵人须要防备!"公子道:"原来如此,长老何以知之?"老者道:"长汉久居于此,动息都知,见贼人切不可说出老汉来。"公子谢道:"承教了。"绰棒起身,依先走回,店门半开,公子捱身而入,一夜没睡。

次日东方渐白,赵大郎引京娘上马而行。经过溜水桥边,欲再寻老者问路,不见了诵经之室,但见土墙砌的三尺高,一个小小庙儿,庙中社公坐于傍边。方知夜间所见,乃社公引导。

公子催马前进,约行了数里,望见一座松林,如火云相似。公子叫声:"贤妹慢行,前面想是赤松林了……"言犹未毕,荒草中钻出一个人来,手执钢叉,望公子便搠。公子不慌不忙,将铁棒架住。那汉且斗且走,只要引公子到林中去。激得公子怒起,双手举棒,喝声:"着!"一棒将那汉子打倒,那汉便是野火儿姚旺。公子叫京娘勒马站住:"俺到前面林子里结果了那伙毛贼,和你同行。"京娘道:"恩兄小心!"公子放步前行。正是:圣天子百灵助顺,大将军八面威风。

那着地滚周进在赤松林下,屯住四五十喽啰。听得林子外脚步响,只道是姚旺伏路报信,手提长枪,钻了出来,正迎着公子。公子知是强人,并不搭话,举棒便打,周进挺枪来敌。约斗上二十余回合,林子内喽罗知周进遇敌,筛起锣一齐上前,团团围住。公子道:"有本事的都来!"公子一条铁棒,如金龙罩体,玉蟒缠身;迎着棒,似秋叶翻风;近着身,如落花坠地。打得三分四散，七零八落。周进胆寒起来，枪法乱了，被公子一棒打倒。众喽罗发声喊，都落荒乱跑。公子再复一棒，结果了周进。回步已不见了京娘。急往四下找寻，那京娘已被五六个喽啰，簇拥过赤松林了。公子急忙赶上，大喝一声："贼徒哪里走！"众喽罗见公子追来，弃了京娘，四散逃去。

公子道："贤妹受惊了！"京娘道："刚才喽罗内有两个人，曾跟随响马到清油观，原认得我。方才说：'周大王与客人交手，料这客人斗不过大王，我们先送你在张大王那边去。'"公子道："周进这厮，已被俺剿除了。只不知张广在于何处。"京娘道："但愿你不遇到更好。"

公子催马快行。约行四十余里，来到一个市镇。公子腹中饥饿，带住辔头，欲要扶京娘下马上店。只见几个店家都忙着安排炊爨，全不来招呼行客。公子心疑，因带有京娘，怕生事，牵马过了店门。

只见家家闭户，到尽头处，见一个小小人家，也关着门。公子心下奇怪，去敲门时，没人答应。转身到屋后，将马拴在树上，轻轻地去敲后门。里面一个老婆婆，开出来看了一看，样子甚是惶惧。公子慌忙跨进门内，与婆婆作揖，道："婆婆休讶，俺是过路客人，带有女眷，要借婆婆家中火，吃了饭就走。"婆婆捏神捏鬼地说："小声！"京娘也进门相见，婆婆便将门闭了。公子问道："那边店里安排酒会，迎接什么官府？"婆婆摇手道："客人休管闲事！"公子道："有甚闲事，俺是远方客人，烦婆婆明说！"婆婆道："今日满天飞大王在此经过，这乡村敛钱备饭，买静求安。老身有个儿子，也被店中叫去帮忙了。"公子听说，思想:"原来如此。一不做二不休。索性与他来个干净,绝了清油观的祸根罢!"公子道:"婆婆,这是俺妹子,为还南岳香愿到此,怕逢了强徒,受她惊恐。有烦婆婆家藏匿片时,等这大王过去之后方行,自当厚谢。"婆婆道:"好位小娘子,权躲不妨事,只是客官不要出头惹事。"公子道:"俺男子汉自会躲闪,且到路傍,打听一下消息。"婆婆道:"当心!有现成馍馍,烧口热水,等你来吃,饭却不方便。"公子提棒仍从后门出来,欲待乘马前去迎他一步,忽然想道:"俺在清油观中说出了'千里步行',今日为惧怕强贼乘马,不算好汉!"遂大踏步奔出路边,心生一计,复回身到店家,大声叫道:"大王即刻到了,洒家是打前站的,你们下马饭准备好了吗?"店家道:"都好了。"公子道:"先摆一席与洒家吃。"

众人积威之下,谁敢辨其真假?还要他在大王面前方便,大鱼大肉,热酒热饭,只顾搬上来。公子放量大嚼,吃到九分,外面沸传:"大王到了,快摆香案!"

公子不慌不忙,取了护身龙,出外看时,只见十余对枪刀棍棒,摆在前导,到了店门,一齐跪下。那满天飞张广骑着高头骏马,千里脚陈名执鞭紧随。背后又有三五十喽罗,十来乘车辆簇拥。

本来两个大王,为何张广这般齐整?那强人出入聚散,原无定规;况且闻说单身客人,也不在其意了,所以周进未免轻敌。这张广分路在外行劫,因千里脚陈名报道二大王已拿得美貌女子,请他到介山相会,并不知周进已死,所以整齐队伍而来,行村过镇,威仪壮观。

公子隐身北墙之侧，看得真切，等待马头相近，大喊一声道："强贼看棒！"从人丛中跃出，如一只老鹰半空飞下。说时迟，那时快，那马惊骇，望前一跳，这里棒势去得重，打折了马的一只前蹄。那马负疼就倒，张广身松，早跳下马。背后陈名持棍来迎，早被公子一棒打翻。张广舞动双刀，来斗公子。公子腾步到空阔处，与强人放对。斗了十几个回合，张广一刀砍来，公子棍起打中其手指。张广右手失刀，左手便觉没势，回步便走。公子喝道："你绰号满天飞，今天叫你飞上天去！"赶进一步，举棒望脑后劈下，张广当即毙命。可怜两个有名的强人，双双死于一日之内，正是：三魂渺渺"满天飞"，七魄悠悠"着地滚"。

众喽啰却待要跑，公子大叫道："俺是汴京赵大郎，自与贼人张广、周进有仇，今日都已剿除了，并不干众人之事！"众喽啰弃了枪刀，一齐拜倒在地，道："俺们从不见将军这般英雄，情愿伏侍将军为寨主。"公子呵呵大笑，道："朝中世爵，俺尚不希罕，岂肯落草为寇。"公子看见众喽啰中，陈名也在其内，叫出问道："昨夜来盗马的就是你吗？"陈名叩头服罪。公子道："且跟我来，赏你一餐饭。"众人都跟到店中。公子分付店家："俺今日为你们地方除了二害。这些都是良民，方才所备饭食，都与他们饱餐，俺自有发放。其管待张广一席留着，俺有用处。"

店主人不敢不依。众人吃罢。公子叫陈名道："闻你日行三百里，有用之才，如何失身于贼人？俺今日有用你之处，你肯依否？"陈名道："将军若有所委，不避水火！"公子道："俺在汴京，为打了御花园，又闹了御勾栏，逃难在此。烦你到汴京打听消息如何？半月之内，可在太原清油观赵知观处等候我，不可失信!"公子借笔砚写了叔父赵景清家书,交给陈名。将贼人车辆财帛,打开分三份,一份散与市镇人家,偿其向来骚扰之费。就将打死贼人尸首及枪刀等项,让众人自去解官请赏。一份众喽啰作为衣食之资,各自还乡生理。最后一份又剖为两半,一半赏与陈名为路费,一半寄与清油观修理降魔殿门窗。公子分派已毕,众心都伏,各各感恩。公子叫店主人将酒席一桌,抬到婆婆家里。婆婆的儿子也都来了,与公子及京娘相见。众人向婆婆说知除害之事,各各欢喜。公子向京娘道:"愚兄一路不曾做得个主人,今日借花献佛,与贤妹压惊把盏。"京娘千恩万谢,自不必说。

当晚,公子自囊中取银十两送与婆婆,就宿于婆婆家里。京娘想起公子之恩:"当初红拂一妓女,尚能自择英雄。莫说受恩之下,愧无所报;就是我终身之事,舍了这个豪杰,更托何人?"欲要自荐,又羞开口,欲待不说:"他直性汉子哪知奴家一片真心?"左思右想,一夜不寐。

不觉五更鸡唱,公子起身备马要走。京娘闷闷不悦,心生一计。路上只推腹痛难忍,几遍要解。要公子扶她上马,又扶她下马。一上一下,将身偎贴公子,挽颈勾肩,万般旖旎。夜宿又嫌寒道热,央公子减被添衾,软香温玉,岂无动情之处。公子生性刚直,尽心伏侍,全然不以为怪。

又行了三四日,过曲沃地方,离蒲州三百余里,其夜宿于荒村。京娘口中不语,心下踌躇,如今将要到家了,只管害羞不说,错过机会,一到家中,此事便索性罢休,悔之何及?

黄昏以后,四宇无声,微灯明灭,京娘兀自未睡,在灯前长叹流泪。公子道:"贤妹因何不乐?"京娘道:"小妹有句心腹之言,说来又怕唐突,恩人莫怪。"公子道:"兄妹之间,有何嫌疑,尽说无妨。"京娘道:"小妹深闺娇女,从未出门,只因随父进香,误陷贼人之手,锁禁清油观中。还亏贼人走了,苟延数日之命,得见恩人。倘若贼人相犯,妾宁受刀斧,有死不从。今日蒙恩人拔离苦海,千里步行相送,又为妾报仇,绝其后患。此恩如重生父母,无可报答。倘蒙不嫌貌丑,愿备铺床叠被之数,使妾少尽报效之万一,不知恩人允否?"

公子大笑,道:"贤妹差矣!俺与你萍水相逢,出身相救,实出恻隐之心,非贪美丽之貌。况且彼此同姓,难以为婚,兄妹相称,岂可乱。休狂言,惹人笑话。"京娘羞惭满面,半晌无语。重又开言道:"恩人休怪妾多言,妾非苟贱之辈,只为弱体余生,尽出恩人所赐,此身之外,别无报答。不敢望与恩人婚配,得为妾婢,伏侍恩人一日,死亦瞑目!"

公子勃然大怒,道:"赵某顶天立地,一生正直,并无邪佞;你把我看作施恩望报的小辈,假公济私的奸人,是何道理?你若邪心不息,俺即今撒开双手,不管闲事,怪不得我有始无终了!"公子此时声色俱厉,京娘深深下拜,道:"今日方见恩人心事,赛过柳下惠。愚妹是女流之辈,坐井观天,望乞恩人恕罪!"公子方才息怒,道:"贤妹,非是俺胶柱鼓瑟,本为义气上千里步行相送,今日若就私情,与那两个响马何异?把从前一片真心化为假意,惹天下豪杰们笑话!"京娘道:"恩兄高见,妾今生不能补报大德,死当衔环结草。"两人说话,直到天明。正是:落花有意随流水,流水无情恋落花。

自此京娘愈加严敬公子，公子亦愈加怜悯京娘。一路无话，看看来到蒲州。京娘虽住在小祥村，却不认得，公子问路而行。京娘在马上望见故乡光景，好生伤感。

却说小祥村赵员外，自从失了京娘，将及两月有余，老夫妻每日思想啼哭。忽然庄客来报，京娘骑马回来，后面有一红脸大汉，手执杆棒跟随。赵员外道："不好了，响马来讨妆奁了！"赵妻道："难道响马只有一人？教儿子赵文去看个明白。"赵文道："虎口里哪有回来肉？妹子被响马劫去，岂有送回之理，必是容貌相像的，不是妹子……"话犹未了，京娘已进中堂。爹妈见了女儿，相抱而哭。哭罢，问其得回之故。京娘将贼人锁禁清油观中，幸遇赵公子路见不平，开门救出，认为兄妹，千里步行相送，并途中连诛二寇大略，叙述了一遍。"今恩人见在，不可怠慢！"

赵员外慌忙出堂见了赵公子，拜谢道："若非恩人英雄了得，吾女必陷于贼人之手，父女不得重逢矣！"遂令老婆同京娘拜谢，又唤儿子赵文来见恩人。庄上宰猪设宴，款待公子。

赵文私下与父亲商议道："好事不出门，恶事传千里。妹子被强人劫去，家门不幸。今日跟这红脸汉子回来，人无利己，谁肯早起？必然这汉子与妹子有情。千里送来，岂无缘故？妹子经了许多风波，又有谁人聘她？不如招赘那汉子在门，两全其美，省得傍人议论。"

赵公是个随风倒舵没主意的人，听了儿子的话，便教老婆唤京娘来问道："你与那公子千里相随，一定把身子许过他了。如今你哥哥对爹说，要招赘与你为夫，你意下如何？"京娘道："公子正直无私，与孩儿结为兄妹，如嫡亲相似，并无调戏之言。今日望爹妈留他在家，管待他十日半月，少尽其心，此事不可提起。"

妈妈将女儿言语述与赵公，赵公不以为然。少间筵席完备，赵公请公子坐于上席，自己老夫妇下席相陪，赵文在左席，京娘右席。酒至数巡，赵公开言道："老汉一言相告：小女余生，皆出恩人所赐，老汉阖门感德，无以为报。幸小女尚未许人，意欲献与恩人，为箕帚之妾，伏乞勿拒。"

公子听得这话，一盆烈火从心头窜起，大声说道："俺为义气而来，反把此言来污辱我。俺若贪女色时，路上也就成亲了，何必千里相送。这般不识好歹的，枉费俺一片热心！"说罢，将桌子掀番，望门外便走。赵公夫妇吓得战战兢兢。赵文见公子粗鲁，也不敢上前。只有京娘心下十分不安，急跑去扯住公子衣裾，劝道："恩人息怒！且看愚妹之面。"

公子哪里肯依，一手挣脱了京娘，奔至柳树下，解了赤麒麟，跃上鞍辔，如飞而去。京娘哭倒在地，爹妈劝转回房。把儿子赵文埋怨了一场，赵文又羞又恼，也走出门去了。赵文的老婆听得爹妈为小姑上埋怨了丈夫，好生不喜，强作相劝，将冷语来奚落京娘，道："小姑子，虽然离别是苦事，那汉子千里相随，忽然而去，也是个薄情。他若是有仁义的人，就应了这头亲事了。姑子青年美貌，怕没有好姻缘相配，休得愁烦！"气得京娘泪流不绝，顿口无言。心下自想道："因奴命蹇时乖，遭逢强暴；幸遇英雄相救，指望托以终身。谁知事既不谐，反涉瓜李之嫌。今日父母、哥嫂亦不能相谅，何况他人？不能报恩人之德，反累恩人的清名，为好成歉，皆奴之罪。似此薄命，不如死于清油观中，省了许多是非，到得干净，如今悔之无及。千死万死，左右一死,也表奴贞节的心迹!"

捱至夜深,爹妈睡熟,京娘取笔题诗四句于壁上,撮土为香,望空拜了公子四拜,将白罗汗巾,悬梁自缢而死:可怜闺秀千金女,化作南柯一梦人。

天明老夫妇起身,不见女儿出房,到房中看时,见女儿悬在梁间。吃了一惊,两口儿放声大哭,看壁上有诗云:

"天付红颜不遇时,受人凌辱被人欺。今宵一死酬公子,彼此清名天地知!"

赵妈妈解下女儿,儿子、媳妇都来了。赵公玩其诗意,方知女儿冰清玉洁,把儿子痛骂一顿。免不得买棺成殓,择地安葬,不在话下。

再说赵公子乘着千里赤麒麟,连夜来到太原,与赵知观相会。千里脚陈名已到了三日,说汉后主已死,郭令公禅位,改国号曰周,招纳天下豪杰。公子大喜,住了数日,别了赵知观,同陈名还归汴京,应募为小校。

从此随周世宗南征北讨,累功至殿前都点检,后受周禅为宋太祖。陈名相从有功,亦官至节度使之职。

太祖即位以后,灭了北汉。追念京娘昔日兄妹之情,遣人到蒲州解良县打听消息。使命录得四句诗回报,太祖甚是嗟叹,敕封为贞义夫人,立祠于小祥村。那黄茅店溜水桥社公,敕封太原都土地,命有司择地建庙,至今香火不绝。这段话,题作"赵公子大闹清油观,千里送京娘"。后人有诗赞云:

不恋私情不畏强,独行千里送京娘。

汉唐吕武纷多事,谁及英雄赵大郎。

结束语

　　文化是个相当宽泛的概念，学者眼中的文化一般指文化思想内容；普通人眼中的文化五花八门：读写能力是文化，科学水平是文化，道德水平是文化，地方方言是文化，民间歌舞也是文化，不一而足。编者认为，文化有广义、狭义之分，广义的文化包括物质文明和精神文明，如仰韶文化、大汶口文化等；狭义的文化专指精神文明，如人文素养、社会主义先进文化等。本书的文化观属于狭义的范畴。

　　编者认为，文化按其内容可分为三个部分：文化核心、文化载体和文化的表现形式。

　　文化核心是文化的思想精华，亦即哲学思想。古希腊罗马哲学、西方古典哲学是西方文化的核心；犹太教义是犹太文化的核心；中国的儒家、道家、佛家、杂家等的哲学思想，以及近现代以来的革新改良思想和革命思想构成中华文化的核心。

　　文化载体是承载文化核心内容的工具或人，如书籍、媒体、音像制品、艺术品、建筑风格、思想家、艺术家，等等。其中，书籍是主要的文化载体。

文化的表现形式是一种文化思想在民间活动或社会生活中的体现。比如，日本人剖腹自杀体现了日本的武士道精神和仁勇思想；中国的少林武术体现了佛教禅宗的思想；武当剑术体现了道家思想；清明扫墓体现了儒家重视祭祖、祭礼的部分思想；等等。一个民族文化的表现形式常常以民间传统和社会习俗为代表。但是，有时候，随着时间的推移，有很多文化的表现形式已不再含有文化的内容了，成为一种纯粹的形式。比如，中国人"请客送礼"的风俗，本来体现了儒家亲仁善邻、协和万邦的礼乐文化，可是一旦这种风俗成为一种拉帮结派、走后门、敛财的手段时，性质就变了，它的文化内容已经荡然无存，很难说是文化形式了。

中华文化的核心成分不外是儒家、道家、佛家等的哲学思想，以及近现代以来的革新改良思想和革命思想。中华文化的载体主要是中华文化典籍和文化传人。中华优秀文化传统思想除了记载在文化典籍中之外，往往渗透到文学、历史、政治、书法、绘画、建筑、戏曲、陶瓷、餐饮、歌舞、节庆、武术、传统手工艺等之中。曾经，民间也不乏文化传人，如国学大师，知名学者，世外隐者等。

从鸦片战争到中华人民共和国成立前的一百多年里，华夏大地狼烟四起，血雨腥风，山河飘零，生灵涂炭。"四万万人齐下泪，天涯何处是神州？"英勇不屈的一代代中华儿女，没有被侵略者的淫威所吓倒，而是奋起抗争，继承民族精神，自强不息，浴血奋战，谱写了一曲曲惊天动地的正气歌。在这个过程中，中华优秀传统文化中的"精忠报国""天下兴亡匹夫有责""舍生取义""杀生成仁"等思想发挥了重要的作用。也是在这个过程中,中华文化得到了发展和升华,涌现出了无数杰出的思想家、艺术家、革命家和教育家,形成了中国革命传统文化,最终中国人民赶走了侵略者,建立了新中国,重新站了起来。

令人没有想到的是,就在中国人民扬眉吐气、意气风发地进行社会主义建设的时候,爆发了一场史无前例的文化浩劫——"文化大革命"。这场浩劫历时十年,对中华传统文化造成了严重的破坏。焚烧文化书籍、丑化文化圣贤、破坏文化遗迹、摧残文化界人士、篡改历史课本等。无视文化的传承性,企图要在一片废墟的基础上建立一种新的文化。

其结果是,新的文化没有建立起来,传统文化丧失殆尽。自此以后,好几代中国百姓不知中国文化为何物,甚至看不懂自己民族的文化典籍,而幸存的国学大师们也随着时间的推移日渐凋零。

封闭、狂热、愚昧了一段时间之后,国门忽然打开,国外先进的科学技术、管理方式,以及西方文化思想一拥而进。二十世纪七十年代末的中国人,如同刘姥姥进大观园,大开眼界。大家喜出望外之余,痛切地感受到中国落后了,闭关锁国只能是坐井观天。中国的发展离不开世界,于是便义无反顾地融入西方文明主导的世界潮流之中。

经过多年封闭之后,外国人也好奇地关注起中国来了,他们也想了解中国,更想知道五千年中华文明的历史文化和思想传承,很急切地想从现代中国人身上了解老子、孔子、孙子的深邃思想。有点自卑感的现代中国人，在发愤图强的同时，也新鲜地感到了因外国人羡慕中华传统文化而有的民族自豪。

遗憾的是，当改革开放之后的中国人津津有味地把中国传统文化给介绍给外国人的时候，拿出手的仅仅是些文化表现形式，如北京方言、传统服装、毛笔字、民间戏曲、古玩、气功大师、武僧表演等。更糟糕的是有些文化形式早已没有了文化的内涵，如武术散打、相声、喜剧小品等。因为除了这些东西之外，中国人自己也已经不知道中华传统文化为何物了。自己都一知半解，怎么介绍给人家呢？相当多的当代中国人完全不知中国历史，更别提经典著作了。

于是，外国人说，你们中国传统文化没什么了不起的，就像你们的武术一样，都是体操加舞蹈，花架子，不实用，比起我们的文化差远了，你们的传统已经过时了。看看全世界的思想巨人，你们中国有几个？几乎没有。你们自己也思想僵化，你们的年轻人都缺乏独立思考能力。还是乖乖地跟我们学习吧。

一部分现代中国人，包括学者，经过严肃地思考，认为，人家说的没错，事实就摆在面前嘛。我们真的不如人，我们不能夜郎自大，应该虚心向人家学习、靠拢。于是想当然地以为中国传统文化是落后的，是中国走向现代化的绊脚石，应该彻底清除。甚至把目前中国社会中出现的种种丑恶现象都归结为传统文化遗毒，如拉关系、走后门、买官等。所以，只有打扫干净屋子才能请客人来，恨不得把中华传统文化清除得一干二净而后快。

另一部分现代中国人，也包括学者，不服气，怎么也想不通堂堂华夏五千年文明还不如你们"蛮夷"？我们汉唐时期，你们还未开化呢！也想当然地认为我们文化落后是因为他们霸占了话语权，嗓门比我们高而已。就像当年的阿Q说道："我祖上比你们富，你算老几？"对此，外国人还是不屑一顾，"请你们拿出证据来看看呀？"我们这些人有些激动了，证据多的是，拿出来吓傻你。于是，高价请来一些托福、雅思成绩好的专家翻译了忠孝仁义、礼义廉耻、平等自由等概念。老外一看，笑了，说这些东西我们都有，已经是常识了。（因为找不到对应的英文单词，只能用现成的，完全看不出什么差别。）我们的爱国同胞急了，又把《老子》翻译了给他们看。老外一看，眼珠快瞪出来了，如坠云里雾里，如丈二和尚摸不着头脑。

顺便提一下，《老子》一书，也称《道德经》，虽仅有五千字左右，然而对于此书所要表达的含义，几千年来的学者中一直见仁见智，莫衷一是，至于现代人，没几个看得懂的，因此翻译起来确实有难度。

要证明中华文化比外国的强，证据的确多的是，除去战乱和浩劫损失的不算，就是现存的中华文化典籍，依然浩如烟海，都是证据。可是，几个人看得懂呢？几个人能忠实把它翻译成英文呢？有必要去证明吗？所以，任凭你自己把自己的文化夸得天花乱坠，人家就是不相信。我们的爱国同胞居然生气了。生气之余必然失态、失言。人家老外又开口了，不要证明什么了，你们表现的样子已经证明：你们的文化是落后的，心胸也不宽广。

前面已经提到，书籍是文化的主要载体，人也是文化的载体。现代中国人已很少有人能深入理解中华传统文化（这从普遍的家庭教育可见一斑）。据我所知，当代成年人中间，多数人不认识繁体字，不懂文言文，更不知四书五经是什么。外国人无法看懂中国的文言文，而中国现代人身上几乎看不出一点传统文化的痕迹，怎么让人家相信我们的传统文化优秀呢？

再说了，中国优秀传统文化最大的特点，不单单是一种知识学问，更是安身立命的实践智慧，讲求知行合一。也就是说，读书不光是为了理性地了解外在的事物，还要与自身的体悟结合起来。一个人读完《论语》要变化气质，如果你读了之后和没读之前人的气质品性是一样的，就算你背下来也没有用，也等于没读。

所以，中国优秀传统文化到底是些什么？是落后的还是先进的？是糟粕还是精华？只有亲身践履才能知道。

多年来，由于西方思维方式的影响，人们在研究中国古代书籍时，多用的是考古法。这种方法如隔靴搔痒，无法切入古人心灵，也就无法引起共鸣。相反，另有个别专家视传统为珍宝，钻进去出不来，成为文化保守主义者，研究成果不少，可惜普通人还是看不懂他们写的东西。

继承我国传统文化，决非了解几个名词术语，也不需要高亢的爱国主义口号。首先要看懂文化典籍，才能去粗存精、去伪存真，剔除其糟粕，吸收其精华。其次要将所学与生活实践结合起来，实践是检验真理的标准。一个没有很认真地读懂三四部儒家经典、一两部文学名著和一两部正史的现代人，怎么去品评中国传统文化的优劣呢？又怎么去继承和创新呢？

为了使青年学生更容易地阅读古籍，为了消除年轻人对我国古代传统文化的偏见，我们编写这本通俗读本。本书作为"中华优秀传统文化入门",其实也只是对中华优秀传统文化的蜻蜓点水而已。

希望对青年读者有所裨益。

附录 中国古代名言选录

- 君子忧道不忧贫。——《论语·卫灵公第十五》
- 不学礼，无以立。——《论语·季氏第十六》
- 非礼勿视，非礼勿听，非礼勿言，非礼勿动。——《论语·颜渊第十二》
- 贫而无谄，富而无骄。——《论语·学而第一》
- 礼者，人道之极也。——《荀子·礼论》
- 安上治民，莫善于礼。——《孝经·广要道章》
- 礼，经国家，定社稷，序民人，利后嗣。——《左传·隐公传十一年》
- 敬人者，人恒敬之；爱人者，人恒爱之。——《孟子·离娄下》
- 人无礼则不生，事无礼则不成，国家无礼则不宁。——《荀子·修身》
- 人有礼则安，无礼则危。——《礼记·曲礼上》
- 礼义廉耻，国之四维，四维不张，国乃灭亡。——《管

子·牧民》

- 凡人之所以贵于禽兽者，以有礼也。——《晏子春秋·内篇谏上二》
- 君子成人之美，不成人之恶。——《论语·颜渊第十二》
- 富贵不能淫，贫贱不能移，威武不能屈。——《孟子·滕文公下》
- 志士不忘在沟壑，勇士不忘丧其元。——《孟子·滕文公下》
- 乐以天下，忧以天下。——《孟子·梁惠王下》
- 有德不可敌。——《左传·僖公二十八年》
- 君子贵人而贱己，先人而后己。——《礼记·坊记》
- 不食嗟来之食。——《礼记·檀弓》
- 先国家之急而后私仇也。——〔汉〕司马迁《史记·廉颇蔺相如列传》
- 至诚则金石为开。——〔汉〕刘歆《西京杂记·卷五》
- 疾风知劲草。——《东观汉记·王霸传》
- 救寒莫如重裘，止谤莫如自修。——〔晋〕陈寿《三国志·魏书》
- 鞠躬尽瘁，死而后已。——〔三国〕诸葛亮《后出师表》
- 丹可磨而不可夺其色，兰可燔而不可灭其馨，玉可碎而不可改其白，金可销而不可易其刚。——〔北齐〕刘昼《刘子·大质》
- 宁可玉碎，不能瓦全。——〔唐〕李百药《北齐书·元景安传》

- 源洁则流清，形端则影直。——〔唐〕王勃《上刘右相书》
- 士穷乃见节义。——〔唐〕韩愈《柳子厚墓志铭》
- 不畏义死，不荣幸生。——〔唐〕韩愈《张中丞传后叙》
- 嫉恶如仇雠，见善若饥渴。——〔唐〕韩愈《举张正甫自代状》
- 立身一败，万事瓦裂。——〔唐〕柳宗元《寄许京兆孟容书》
- 烈士之所以异于恒人，以其仗节以配谊也。——〔唐〕刘禹锡《上杜司徒书》
- 修身絜行，言必由绳墨。——〔宋〕王安石《命解》
- 君子出处不违道而无愧。——〔宋〕欧阳修《与颜直讲》
- 宁以义死，不苟幸生，而视死如归。——〔宋〕欧阳修《纵囚论》
- 廉耻，士君子之大节。——〔宋〕欧阳修《廉耻说》
- 不知耻者，无所不为。——〔宋〕欧阳修《魏公卿上尊号表》
- 善恶之殊，如火与水不能相容。——〔宋〕欧阳修《祭丁学士文》
- 泰山崩于前而色不变。——〔宋〕苏洵《心术》
- 人之为善，百善而不足；人之为不善，一不善而足。——〔宋〕杨万里《庸言》
- 豪杰之士，必有过人之节。——〔宋〕苏轼《留侯论》
- 衣食以厚民生，礼义以养其心。——〔元〕许衡《鲁斋遗

书·语录》

● 心诚气温，气和辞婉，必能动人。——〔明〕薛宣《谈书录》

● 轻财足以聚人，律己足以服人，量宽足以得人，身先足以率人。——〔明〕陈继儒《小窗幽记》

● 国尚礼则国昌，家尚礼则家大，身有礼则身修，心有礼则心泰。——〔清〕颜元《习斋记余》

● 大丈夫处事，论是非，不论祸福；士君子立言，贵平正，尤贵精详。——〔清〕王永彬《围炉夜话》

● 战虽有阵，而勇为本。丧虽有礼，而哀为本。士虽有学，而行为本。

● 经济出自学问，经济方有本源。心性见之事功，心性方为圆满。舍事功更无学问，求性道不外文章。

● 竭忠尽孝谓之人，治国经邦谓之学，安危定变谓之才，经天纬地谓之文，霁月光风谓之度，万物一体谓之仁。

● 收吾本心在腔子里，是圣贤第一等学问；尽吾本分在素位中，是圣贤第一等工夫。

● 万理澄澈，则一心愈精而愈谨。一心凝聚，则万理愈通而愈流。

● 宇宙内事，乃己分内事；己分内事，乃宇宙内事。

● 观天地生物气象，学圣贤克己功夫。下手处是自强不息，成就处是至诚无息。

● 圣贤学问是一套，行王道必本天德。后世学问是两截，不修己只管治人。

- 接人要和中有介,处事要精中有果,认理要正中有通。
- 古之学者,得一善言,附于其身;今之学者,得一善言,务以悦人。
- 眼界要阔,遍历名山大川;度量要宏,熟读五经诸史。
- 读未见书,如得良友;见已读书,如逢故人。
- 何思何虑,居心当如止水;勿助勿忘,为学当如流水。
- 心不欲杂,杂则神荡而不收;心不欲劳,劳则神疲而不入。
- 心慎杂欲,则有余灵;目慎杂观,则有余明。
- 志之所趋,无远勿届,穷山距海,不能限也。志之所向,无坚不入,锐兵精甲,不能御也。

——以上出自〔清〕金缨《格言联璧》

- 盖世功劳,当不得一个矜字;弥天罪过,当不得一个悔字。
- 心体光明,暗室中有青天;念头暗昧,白日下有厉鬼。
- 君子而诈善,无异小人之肆恶;君子而改节,不及小人之自新。
- 天地有万古,此身不再得;人生只百年,此日最易过。幸生期间者,不可不知有生之乐,亦不可不怀虚生之忧。
- 信人者,人未必尽诚,己则独诚矣;疑人者,人未必皆诈,已则先诈矣。
- 德者,事业之基,未有基不固而栋宇坚久者。
- 事业文章随身销毁,而精神万古如新;功名富贵逐世转移,而气节千载一日。

——以上出自〔明〕洪应明《菜根谭》

主要参考文献

1. 张岱年:《中国哲学大纲》,江苏教育出版社,2005年
2. 〔南宋〕朱熹:《四书集注》,中华书局,1983年
3. 〔明〕冯梦龙:《东周列国志》,华夏出版社,2013年
4. 〔明〕冯梦龙:《警世通言》,上海古籍出版社,1998年
5. 〔汉〕司马迁:《史记》,中华书局,2006年
6. 〔北宋〕程颢、程颐:《二程集》,王孝鱼校点,中华书局,1981年
7. 〔战国〕荀卿:《荀子简注》,章诗同注,上海人民出版社,1974年
8. 〔清〕王永彬:《围炉夜话》,远方出版社,2007年
9. 〔清〕金缨:《格言联璧》,山西古籍出版社,1999年
10. 〔明〕洪应明:《菜根谭》,山西古籍出版社,1999年
11. 〔明〕陈继儒:《小窗幽记》,远方出版社,2004年
12. 〔清〕张潮:《幽梦影》,远方出版社,2006年
13. 搜狗百科网站(http://baike.sogou.com)
14. 百度百科和百度文库网站(http://wenku.baidu)

后记

  本书是拓展德育教学内容、继承我国优良道德传统的有益尝试，其中有理论的阐析，通俗的叙述，经典导读，还有故事的启发，也采纳了少许外国故事来说明某些道德品质的普世性。本书有许多内容参阅了网上资源，尤其是百度和搜狗文库，然而，书中内容的选择和编排、中心议论和主旨思想都凝聚了编者的辛勤汗水。在编写过程中，得到了上海震旦职业学院领导的重视和精心指导，尤其是黄晞建教授给予了高度的关怀和耐心的指导，提出了许多宝贵的意见和建议，在这里表示深深的谢意。同时也要感谢思政部的所有同仁在本书的形成及修改过程中给予的支持、帮助和启发。

编者

2017 年 11 月 16 日

图书在版编目(CIP)数据

中华优秀传统文化入门/鲁学军编著. —2 版. —上海:复旦大学出版社,2018.3
ISBN 978-7-309-13493-3

Ⅰ.中… Ⅱ.鲁… Ⅲ.中华文化-通俗读物 Ⅳ.K203-49

中国版本图书馆 CIP 数据核字(2018)第 022229 号

中华优秀传统文化入门(第二版)
鲁学军 编著
责任编辑/陈 军

复旦大学出版社有限公司出版发行
上海市国权路 579 号 邮编:200433
网址:fupnet@fudanpress.com http://www.fudanpress.com
门市零售:86-21-65642857 团体订购:86-21-65118853
外埠邮购:86-21-65109143 出版部电话:86-21-65642845
上海浦东北联印刷厂

开本 890×1240 1/32 印张 7.75 字数 158 千
2018 年 3 月第 2 版第 1 次印刷

ISBN 978-7-309-13493-3/K·640
定价:28.00 元

如有印装质量问题,请向复旦大学出版社有限公司出版部调换。
版权所有 侵权必究